法西斯的鼻祖

墨索里尼

金永华 编著

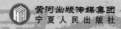
黄河出版传媒集团
宁夏人民出版社

图书在版编目(CIP)数据

法西斯的鼻祖——墨索里尼 / 金永华编著. —银川:宁夏人民出版社,2015.5(2023.8 重印)

ISBN 978-7-227-06035-2

Ⅰ. ①法… Ⅱ. ①金… Ⅲ. ①墨索里尼,B. (1883~1945)—传记 Ⅳ. ①K835.467=5

中国版本图书馆 CIP 数据核字(2015)第 111519 号

法西斯的鼻祖——墨索里尼　　　　　　　　金永华　编著

责任编辑　管世献
封面设计　邵士雷
责任印制　侯　俊

黄河出版传媒集团　　出版发行
宁夏人民出版社

出版人　薛文斌
地　　址　宁夏银川市北京东路 139 号出版大厦（750001）
网　　址　http://www.yrpubm.com
网上书店　http://www.hh-book.com
电子信箱　nxrmcbs@126.com
邮购电话　0951-5052104　5052106
经　　销　全国新华书店
印刷装订　三河市嵩川印刷有限公司
印刷委托书号　（宁）0027092

开本　880 mm × 1230 mm　1/32
印张　7.375
字数　165 千字
版次　2015 年 5 月第 1 版
印次　2023 年 8 月第 2 次印刷
书号　ISBN 978-7-227-06035-2
定价　38.00 元

目　录

1 铁匠的儿子

一个人青少年时代的生活，特别是其中的磨难、痛苦的一页，常常会勾起他的回忆，并对其日后的人生道路产生深远的影响。关于本书主人公的青少年时代的生活，他本人曾讲过这样的话：

> "我至今感谢那些经历过的艰难困苦。我一身所遭受的艰难困苦比快乐多得多，但是快乐并没有给我什么。"
>
> "艰难困苦强固了我的精神，艰难困苦教我如何奋斗，如何做人。"
>
> "饥饿是一个良师，差不多和监狱一样。"[1]

这些话是墨索里尼做了意大利法西斯"领袖"，权力处于顶峰时讲的。

当他"成了伟大的独裁者"以后，一些喜欢奉承拍马的御用文人"考证"说，"领袖"的祖先是"贵族"。他十分生气，回答说：

---

[1] 墨索里尼：《我的自传》（英文版），第 13 页；路德维希：《墨索里尼谈话记》，第 33 页。

"不必再劳神说这种话了。我的祖先都是农民。"他认为贫贱的家庭出身乃是握在他手中的"一张王牌"。①

一个法西斯独裁者，为什么要如此执着地宣扬自己的贫苦出身和青少年时代的艰难生活呢？这与他信奉尼采的"超人"哲学不无关系，他是在提倡法西斯的"自我奋斗"。

尼采认为，要解脱生命之苦痛，须依靠苦痛自身，从痛苦中锻炼自己的意志，提高自己的人格。因此痛苦乃是美与力的源泉，苦痛愈多则美与力的发挥愈益广大。也就是说，苦痛乃是增进人生价值的唯一兴奋剂。墨索里尼对此十分欣赏，奉为处世格言。他认为，他之所以会成为"领袖"，是艰苦的家庭、社会环境造就了他，使他产生了一股自我奋斗的动力，产生了一种"自负心理"。他声称自己的"一言一动都受这种自负心的指导"，"我就是我"。他把这种极端可怕的"自负"心理称之为"精神毅力"。墨索里尼会成为意大利法西斯主义和法西斯党的创始人，原因是多方面的，主要是社会的，但和他本人自小养成的这种心理素质及异乎寻常的歪才不无关系。

其实，"精神毅力"本身不一定是坏事，问题是它为着什么目的。顽强的精神和毅力可以把一个人引上光明大道，也可以把人引向罪恶的深渊。在人类的历史上都不乏这两种先例。墨索里尼属于后者。

1883年7月29日，墨索里尼出生在意大利东北部弗利省边远的普雷达皮奥区多维阿镇附近的一个名叫凡兰那提考斯泰的小村子里。小村踞山而立，房子都是用石块砌起来的。山村的景色很迷人，站在高处，可以望到多维阿镇，远处则是朦胧起伏

---

①丹尼斯·马克·史密斯：《墨索里尼传》(英文版)，第1页。

的亚平宁山脉。缓缓倾斜的弗利平原一片翠绿,令人悦目。这里的土质含硫,适于种植葡萄。墨索里尼家族的祖祖辈辈,多半在这块肥沃的土地上过着农耕生活。他们和其他千千万万的农民一样,肥沃的土地,辛勤的劳动,并没有使他们的生活过得舒适些。

墨索里尼的祖父和父亲都是小业主。祖父曾当过一阵子禁卫军,父亲亚里山德罗·墨索里尼则是个铁匠。他们俩都对当时的意大利社会不满,"是两个天生的反叛者"。为了自己的信仰,也都坐过牢。

亚历山德罗干活很不勤快。懒散、好色和过量的饮酒使他经常负债。他没有受过正规教育,但读过一些书,进步的、反动的书都读过一些。是当地小有名气的激进的社会党人,也是意大利最早宣布自己为"社会主义者"的人之一,并且当过短期的普雷达皮奥市的社会党人的议员。他忠于自己的信仰,慷慨激昂,富于煽动,乐于接济同伴,在社会党人中间享有较高的威信。他常常率领党徒砸碎选举箱,恐吓保皇党的警察,因而经常被投入监狱。他性格坚强,虽屡屡入狱,但始终不肯罢休。

他生过三个孩子。老大墨索里尼,取名本尼托;老二叫阿尔纳多,后来成了哥哥的信徒;第三个是女儿,名叫爱维琪。

他从来不陪同妻子和孩子上教堂,但他对孩子的影响是很大的。他给大儿子取的教名为本尼托·阿米尔卡莱·安达莱亚,用以纪念三位革命英雄:墨西哥的本尼托·胡阿雷斯、意大利的阿米尔卡莱·西浦里亚和安达莱亚·柯斯塔。①从给自己的头生儿子取名这件事上可以看出,亚历山德罗竭力要向儿子灌输自己的

①丹尼斯·马克·史密斯:《墨索里尼传》(英文版),第1页。

叛逆思想。事实也确实如此。

亚历山德罗性格粗暴。他相信体罚,"一根细皮鞭构成了家庭教育的一部分"。他这种粗野、好斗的性格影响着儿子的成长。本尼托小时候智力平平,但好斗好动,一歇不肯停。他爱爬树掏鸟蛋,抓小鸟,经常和小伙伴掷石头,打架,把许多和他吵架的同学的头都打破了。二十多年后,当他在当兵打仗时常把孩提时期的这种经历当成诗意来追忆。他在 1916 年 12 月 25 日圣诞节的日记里写道:"要再现圣诞节的诗意,我必须去追忆我的已经过去的很遥远的儿童时代。今天,心已变得同这些岩石一样坚硬……25 年前,我是一个易于生气的粗暴的顽童。我当时的同伴有几个现在头上还留着我的痕迹。我一天到晚沿河奔跑,偷窃着鸟巢和果子。"①当然,他有时也挨打、吃亏,但他觉得有趣,认为"勇者必伤"。

亚历山德罗虽是激进的社会党人,但他的头脑中混杂着许多矛盾思想。他知道一点马克思主义,但也相信无政府主义;他崇拜马志尼,也钦佩马基雅维里。常常向儿子朗读这些人的著作片断,并且喜欢儿子跟着自己一起读。他不加鉴别地把这些互相矛盾的混杂思想一起灌输给儿子。还经常邀集一些同党及邻居来自己的铁匠铺里高谈阔论,谈理想,谈主义,研究社会政治问题。因此本尼托从刚刚懂事起就一知半解地知道了许多社会政治问题。他恍惚了解到他的父亲和朋友们谈的"似乎都与一些了不起的人物有关。这些了不起的人物不但能够指挥自己的生命,还能指挥别人的生命"。这样,本尼托自小就产生了一股强烈的主宰事物的欲望。他看着父亲举着铁锤打铁,就联想到"一个人

①墨索里尼:《墨索里尼战时日记》,第 230、231 页。

可以而且必须有任意处理事物的情欲"。①

墨索里尼的父亲给他的影响是很深的。他后来回忆说："我的父亲对我的思想发展十分重视。我本来以为他对我并不十分关心，其实他始终在留意着我。随着岁月的流逝，日复一日，年复一年，我逐渐长大成人了。我们父子之间开始有了许多共同感兴趣的事情，关系也日益密切了。"晚间，当他们全家围着铁匠铺的火炉饮自家酿造的红葡萄酒时，老墨索里尼高兴起来就给儿子高声朗读马基雅维里的《君主论》。本尼托说，"这给了我深刻的印象"。②马基雅维里是意大利文艺复兴时代新兴的资产阶级政治家，曾任佛罗伦萨共和国外长等要职。他的代表作《君主论》影响深远。这是一本专门讲统治权术的书。它从所谓的"目的总是证明手段正确"的原则出发，认为一个君主为了达到自己的政治目的，可以不择手段，而且应当完全摈弃道德，运用权术，采取背信弃义、残酷无情、搞阴谋诡计等手段。它有句名言，说一个"聪明"的君主应当同时学会扮演"狮子和狐狸"两种角色，即学会"软硬兼施"的本领。这就是所谓的"马基雅维里主义"。这一思想，无疑十分合墨索里尼的胃口，因此他后来在父亲的影响下，把《君主论》视为宝书，到40岁后还一再地研读它。

墨索里尼的母亲罗莎·玛尔托妮是一名小学教师和虔诚的天主教徒。她让孩子们都洗了礼，每个礼拜天都带他们去教堂做礼拜。罗莎·玛尔托妮在家里既操心着一家5口人的吃穿用，又要负责教育孩子。她把大儿子本尼托视为掌上明珠，十分关心他的健康成长。本尼托小时候说话结结巴巴，很是笨拙。为母亲的

---

①墨索里尼：《我的自传》，第10页。

②墨索里尼：《我的自传》，第9页；路德维希：《墨索里尼谈话记》，第48页。

十分担心，就领他去看医生。医生宽慰她说："别担心，孩子会讲话的，也许将来会有一副好口才。"①这话给他言中了。后来墨索里尼果然成了一个信口雌黄的雄辩家。

本尼托对他的母亲感情较深厚，认为母亲恬静、仁慈、果断。他说："我生平最爱的人是我的母亲……我小时候最怕的一件事就是害怕失去母亲的喜欢。"②他对母亲的感情深厚是有原因的。他的父亲从事政治活动，生活动荡，没有固定收入，且常常用鞭子抽他。只有母亲给了他母爱，实际抚养了他。罗莎50里拉的月薪是家里唯一固定的收入，生活相当清苦。他家只有两间房，本尼托和弟弟就在厨房里搭个铺，用草垫当褥子。平日餐桌上的食品是黑面包加一碗菜汤。本尼托在20岁前甚至没有尝过咖啡的滋味。罗莎望子成龙，认为自己的儿子将来"有出息，有希望"，尽管家境十分困难，她还是把儿子送去上学。小学毕业后，又把他送往一所寄宿的教会学校读书。

教会学校是由神职人员管理的，校规极严。这对爱好打架、无法无天的本尼托来说就是一个极大的约束。况且在这里上帝也没有赐给孩子们平等的待遇。他初次尝到了人间不平等的滋味。这所学校的伙食是按学生伙食费的高低分等级就餐的。30里拉是低级座，45里拉是中级座，60里拉是最高级的。本尼托家里穷，只好吃30里拉的伙食，被安排在最低级的餐桌上就餐。他回忆说："我总是坐在最低的一级，而且杂于最穷的一群同学之中。有一次，学校里居然把有蚂蚁的面包拿来给我们第三等级的同学吃……把我们分成等级的事，令我痛苦。"他感到屈辱，自尊

①拉凯莱·墨索里尼：《口述墨索里尼传》(英文版)，第12页。
②墨索里尼：《我的自传》，第5页。

心"受到了很严重的伤害"。他咆哮,他反抗。他拒绝去做早弥撒,结果被强行拖去。后来在吃晚饭时他又用小刀把一个同学刺伤了。学校当局忍无可忍,结果把他开除了。他本来渴望出人头地,但无情的现实是让他屈居人下。他心里滋长着一股强烈的报复情绪。他后来对人说:"这种不堪忍受的无保证的屈辱是要使人成为革命家的。"①他叫嚷:"将来我要让世界发抖。"

本尼托·墨索里尼被教会学校开除后,开头几个月罗莎自己在家里教他读书,但这毕竟不是长久之计,后来又把他送往设在弗兰波波里小城的一所师范学校。她先向学校申请助学金,遭到拒绝,只好自己想法付学费。这所学校不是神父管理,纪律要松得多,伙食也好一些,而且每逢周末可以回家,墨索里尼觉得似乎"从地狱来到了天堂"②。然而他劣性不改,依然桀骜不驯,欺侮同学,和人打架,称王称霸,曾多次被学校勒令停学。但他总算没有被开除,勉强修完了六年课程。在学校的最后几年,他开始参加政治集会,发表演说,初次显露出他的雄辩才能。有一次,当地市政领导居然邀他就市政问题发表演说。他还为当地小报写过几篇小文章,涉及的都是社会政治问题。他的毕业论文谈的是教育问题。

1901年,墨索里尼终于拿到了弗兰波波里师范学校的毕业文凭。他得意扬扬,跨出校门,踏上社会,开始了独立生活。

---

①参阅路德维希:《墨索里尼谈话记》,第199页;丹尼斯·马克·史密斯:《墨索里尼传》第8页。

②丹尼斯·马克·史密斯:《墨索里尼传》,第3、4页。

2 一个狂热的社会党人

本尼托·墨索里尼跨出校门,踏上社会,瞻念前途,感到"满眼的荆棘"。他托人帮忙,想找个工作,但老是碰壁。后来古亚尔蒂里的一所小学招考教员,他去应考,结果被录用。他教了一学期的书,每月56里拉的收入。

学期结束时,他给学生出了个作文题目:《慢而稳则胜》。学校当局得知后表扬了他一番。他颇为得意,心血来潮,自己又写了一篇题为《坚忍则成功》的文章,读给学生听。这时的墨索里尼开始意识到,要实现自己的抱负,必须具有"精力和忍耐"。他认为"一个人只有具备这两个条件,才能出入于枪林弹雨之下"。所谓"精力和忍耐",就是他的"精神毅力"的另一种说法。

学期结束,学校放假了,他该上哪里去呢?这时他的父亲被关在监狱里,他的母亲在家里艰难度日,回想到自己读书时受人侮辱和目前不得志的境况,他百感交集,"愤怒在支配着"他,于是就毅然辞去教职,跑到瑞士去闯天下了。他说:"钱,我没有——要有也只是一点点。胆量是我的资本,我决定去做一个流浪者……我的自信心支持着我。"

"我想去试一试我的命运了。"①

_____

① 墨索里尼:《我的自传》,第12页;路德维希:《墨索里尼谈话记》,第35页。

这是1902年的事。这时墨索里尼年方19,血气方刚,除了具有一般小青年所常有的好幻想、爱冒险的特点以外,还潜伏着一颗一般人所没有的野心。出走国门时他有过这样一段自白:"我不愿回家,家庭小天地太狭窄了。家人的天伦团聚虽然也是一种快乐,但我总觉得故乡家园的天地太小,一抬腿、一举步就到了尽头,无回旋的余地。我已有一种想法,眼光向着将来。我要向宽广的天地奔去。①

到了瑞士,墨索里尼果真当了流浪汉,尝遍了人间的艰苦。为了糊口,他当过巧克力厂的建筑工,天天工作12小时,每天往3楼搬运砖头120次;他又当过屠夫和送货人。他经常露宿街头,忍饥挨饿。有一次,他饿得实在发慌,就在公园里抢劫正在那里野餐的两个英国女人的食品。然而他成名后却是这样美化自己:"那些年中我尝足了饥寒的滋味,但我从不向人借钱,也从不乞怜于人。我将生活所需缩减到无法再缩减的地步。"他认为,过这样艰苦的生活"只不过是为将来在受训"②。除了做工以外,墨索里尼也翻译点东西,把意大利文译成法文,或把法文译成意大利文,挣点稿费贴补生活。

据约翰·根室说,在瑞士期间墨索里尼深受一位流亡瑞士的俄国革命者安杰利卡·巴拉拜诺夫夫妇的影响。他们与墨索里尼来往密切,向他提供物质和精神食粮。据说,墨索里尼在瑞士还会见过列宁。③

在流亡瑞士期间,墨索里尼开始拼命钻研社会科学。他在洛

①墨索里尼:《我的自传》,第13页。

②墨索里尼:《我的自传》,第14页;路德维希:《墨索里尼谈话记》,第36页。

③参阅拉凯莱·墨索里尼:《口述墨索里尼传》第34页;约翰·根室:《欧洲内幕》,第245页。

桑旁听大学课程,听过几次维·帕雷托的政治经济学。他还博览群书,马克思、康德、黑格尔、歌德、海涅、斯宾诺莎、尼采、拉萨尔、考茨基、索雷尔等人的著作他都找来读。墨索里尼读书还是刻苦的,常常边读边做笔记,涉猎面也很广,以后也是如此。他读书目的性很强,只吸取其中对他有用的东西,而决不为书本所左右。他不信书本能成为他"生命的泉源"。他说:"我读过的与现在仍在读的许多书,都不过像一幅幅的画面挨次在我眼前映过去,没有哪一本书给我留下深刻印象,使我永远不忘。我不过从每本书中抽出要点,尤其是那些必要的成分。"说没有一本书给他留下深刻印象,这是不真实的,尼采、马基雅维里的著作就深深影响着他的一生;说他读书只吸取他所需要的"要点"和"必要成分",这倒符合实情。

墨索里尼在年轻时候就流露出极端民族主义的思想。他声称自己是"120分的意大利性的人"。他注意从书本中吸取培植其野心的思想养料。他扬言,"我要使我的存在成为杰作"。他用尼采的"危险的生存!"这句警句来提醒自己;又用尼采的"我岂为一己之幸福而努力,我实在为工作而努力!"这句话来勉励自己。

在瑞士,墨索里尼与意大利侨民中的社会党人发生密切的联系。他参加政治集会,有时也上台发表演说,鼓动罢工,鼓吹暴力。后来实际上成了旅居瑞士的意大利社会党人的领导人。洛桑、日内瓦等地方当局多次把他拘捕入狱。

墨索里尼说,他在当上法西斯领袖以前,在瑞士、奥地利、意大利共尝过11次铁窗风味。他声称,每次坐牢都给了他希求不到的休息,并利用坐牢的时间来读书和修身。有一次还读了《唐·吉诃德》。然而坐牢毕竟不是在疗养所休养,不是那么悠闲自得

10

的。对于好动、好斗的墨索里尼来说，被监禁在狭窄的牢房里，无疑在精神上和肉体上都是痛苦的。特别是在狱中被搜身和强迫打手印时，他更是暴跳如雷，叫嚷"报复的日子就要来了!"。他说："这侮辱的待遇如同铁锤给了我一大打击。"然而，年轻的墨索里尼并不是一个简单的粗汉子。在他性格上有专横暴烈的一面，也有冷静理智的一面。他认为要攫取猎物，时机不成熟时需要耐心等待，要学会能屈能伸。他说："我在那里(狱中)学会了忍耐。坐牢和坐船航海一样，一个人无论在狱中，或在船上，都需要忍耐。"①就这样，墨索里尼把坐牢，把对他的折磨打击视为是通向彼岸途中的一种锻炼，并从中锤炼报复的决心。他篡夺政权的野心实现后，就毫不留情地把政敌打入牢狱。他说："他们先把我关起来，现在我是以其人之道还治于其人之身。"其实，这些被墨索里尼投入监狱的都是些反对意大利法西斯化的人，而当年那些关押墨索里尼的统治者，对法西斯的"进军罗马"是大开绿灯的。

多次的坐牢，给墨索里尼心理上也带来了深刻的影响。他被狭窄的牢房关怕了，从而发展到厌恶狭窄的房子。为补偿他早年坐狭窄牢房时所吃的苦头，他当首相后的办公室大得令人发笑。他在威尼齐亚宫的办公室，长约 18 米，宽约 12 米，高约 12 米。这简直是一个大厅了。

墨索里尼在瑞士的日内瓦、洛桑被多次拘押，成了当局注意的一个危险人物。1904 年他被驱逐出境，回到了意大利。这时他已是一个社会党人了。但是这年底，他被应征入伍，编入勃萨格立里团，驻扎在佛罗那城。

在部队里，墨索里尼严守纪律，绝对服从长官。他认为"一个

①路德维希:《墨索里尼谈话记》，第 37、201 页。

人在学会命令人以前,不学会服从是不行的"。他自己声称说"我当兵的成绩是极佳的",虽说他行动上绝对服从,而私下却在冷眼旁观,权衡长官的得失。这时他已懂得了资产阶级的政治权术。他观察的结果,得出结论:"带兵的人非但要深通韬略,还必须掌握部下的个性。"①他本可以沿着军官的阶梯顺着往上爬,但他的兴趣是搞政治韬略,因此1906年他又去重执教鞭。先后在托尔梅查和奥兰格里亚教小学。1908年夏天以后,他抛弃了教职就专门从事社会党的政治宣传鼓动工作了。

这时,墨索里尼成了一个狂热的社会党人,奔走于意奥之间。1909年,他在社会党人的报纸上发表了一篇鼓吹意大利国家主义的煽动性文章,说奥意边界不应划在边境小镇亚拉(亚拉是当时旧奥地利和意大利交界处的小镇)。为此,奥地利当局把他从特兰托驱逐出境。墨索里尼一时成了特兰托的新闻人物。

墨索里尼从特兰托回到弗利。他在特兰托获得的名声也跟着他传到了弗利,他被任命为社会党弗利省党部的书记,并负责筹办《阶级斗争报》。他一到任就着手改组弗利省社会党组织,扩大了社会党在该省的影响。

这时的墨索里尼显得十分激进,他尖锐抨击时局。他说:"在这个国家里,3600万人的思想如出一辙,好像他们的脑子是从一个模子里刻出来的。像这样的一个国家,你就会想到无异于疯人院,或者说得贴切些,是一个绝对无聊或绝对精神衰弱的王国。"②他认为意大利的政治问题非使用暴力不能解决;要胜利就要牺牲,就

①路德维希:《墨索里尼谈话记》,第39页;墨索里尼:《我的自传》,第15页。
②费纳:《墨索里尼的意大利》,第101页,转引自约翰·根室的《欧洲内幕》。

要流血流汗。他以意大利社会党的"呐喊人"自居,认为"应该改造人民心理,刺激他们,教他们想,教他们干"①。这时他狂热得连谈恋爱时都口不离"政治革命"。他对女朋友说:"我们定会赶走资产阶级和不劳而获、养尊处优的有钱地主的。"女朋友劝他说:"本尼托,他们会把你抓到监狱里去的,像他们以前抓你一样。"这时,墨索里尼的"立场"显得十分坚定。他回答说:"为了这种原因去坐牢,我并不感到羞愧,我感到骄傲。我不是杀人犯,也不是小偷。"②

墨索里尼廉价的激进言辞赢得了社会党内一些善良而又缺乏政治经验的人的喝彩。1912年墨索里尼出席社会党全国代表大会,当选为社会党执委会委员,进入社会党的领导层,并担任设在弗利的社会党党报《前进报》的负责人。他全力扩展《前进报》的销路,经过几个月的努力,该报居然发行10万份了。社会党的影响也随之扩大,而墨索里尼的政治资本也随之增大了。

当时的世界形势十分动荡,第一次世界大战的风暴即将来临,意大利国内的各种矛盾空前尖锐。工农群众的暴动、斗争此起彼伏,与警察发生的公开武装冲突也屡见不鲜。党派林立,互争消长。尖锐复杂的国内外的政治斗争形势促使社会党内部的派别斗争也愈益明朗化了。

面对此种形势,墨索里尼感到需要用"显微镜"将国内情势仔细观察和认真分析一下。观察、研究的结果,他得出一个结论:工农的革命尝试只是"骚动",不是革命;因为它既无领袖,又缺援助和方法,不可能取得成功。他进一步分析说,在这种情势下,

---

①墨索里尼:《我的自传》,第18页。
②拉凯莱·墨索里尼:《口述墨索里尼传》,第16页。

意大利须有一个共同的对象,亦即共同的敌人,来一个一致的大流血,方能使全意大利人重新获得平等的权利和义务①。墨索里尼在思索,在寻找自己的政治道路。仔细品味,不难看出,此时在墨索里尼激进的革命辞藻背后已隐伏着可怕的政治韬略。他已着手背弃社会党的政治路线了,他渴望把意大利推入列强争夺殖民地的战火中去。

①参阅墨索里尼:《我的自传》,第21页。

3 恋爱、婚姻

和大多数人一样，墨索里尼也经历了恋爱和婚姻，但他和一些人又有些不同，在这里顺便比较一下墨索里尼、希特勒这两个法西斯头目的恋爱、婚姻观的异同，看来也不是没有意思的。

希特勒认为，由于他的政治地位的重要，他的单身汉自由是至关重要的。如果德国妇女发现他已有永久性的恋人，或者，如果宣布他已结婚，那情况更糟，他马上会失去妇女的支持。据说希特勒曾这样宣称："妇女的支持是必不可少的，男人们会自动跟上来。"①就是说，他认为结婚、成家会妨碍他去实现他的政治野心。他告诉墨索里尼："他和德国结婚。"墨索里尼则认为，他的家庭对他来说"始终是沙漠中的清泉"，能给他以"无量的安心和慰藉"。②因此，墨索里尼和普通人一样有自己的恋爱、婚姻和家庭生活。然而他的恋爱、婚姻经历却是和普通人不一般的。

墨索里尼的妻子名叫拉凯莱·裘蒂，和墨索里尼是同乡，出身于贫穷的农家。她家姐妹5人，数她最伶俐乖巧。她长得苗条，有一头金发和一双小而机灵的蓝眼睛。她和男孩一样的顽皮，"爬树、抓鸟没人能比得上我"，她自己这样说。同伴们称她"豹子

---

① 尼林·依·古恩:《爱娃·勃劳恩》，第74页。
② 墨索里尼:《我的自传》，第21页。

胆"。她好动,也好学。到了上学的年龄,她吵着要去读书。家里穷,父母叫她和其他姐妹一样待在家里。她大吵大闹,直到父母同意为止。她是5姐妹中唯一上过学、读过书的人。

墨索里尼的母亲罗莎·玛尔托妮是拉凯莱·裴蒂的小学老师。1900年,拉凯莱7岁,上小学二年级。有一次罗莎病了,墨索里尼来替母亲代课。当时墨索里尼17岁,师范学校尚未毕业,比拉凯莱大10岁。他们第一次见面就是这样以师生的关系相见的。

拉凯莱·裴蒂野惯了,上课时也几乎是一刻都不肯停歇。她自己说:"我在班里太野了……我放肆极了,我甚至想都没有想过要放下我的拳头的规矩。"[1]墨索里尼一双又大又黑的眼睛直瞪着不注意听课的拉凯莱,从他眼神中所表示出来的意志力,一下子使她平静下来。她不知不觉地把小手塞进了嘴里,半是伤心,半是屈服。野姑娘被墨索里尼制服了。自这次威势以后,拉凯莱有九年没有见到这位可怕的老师。然而她万万没有料到,当他们再次相见时,墨索里尼是作为情人出现在她面前的。

1901年,拉凯莱·裴蒂的父亲去世,家庭支柱倒塌,生活顿时变得十分困苦,她母亲裴蒂太太领着女儿举家搬到弗利去谋生。母亲去当女佣人,五姐妹也全都独自出去工作,九岁的拉凯莱去替菜贩子卖菜,一月挣3里拉。16岁时转到一家名叫查地尼的有钱人家去当女仆。

与此同时,墨索里尼家的家境也发生了变化。1905年罗莎·玛尔托妮病逝。亚历山德罗·墨索里尼在妻子去世后就关掉了铁匠铺,开了一爿小客栈。说来事巧,拉凯莱的母亲来到墨索里尼

---

[1]拉凯莱·墨索里尼:《口述墨索里尼传》,第14页。

家的小客栈里当了女佣人。

16 岁的拉凯莱长得更漂亮了。这个年纪的美丽姑娘,生活总是像玫瑰一样的美好。有意向她搭讪、向她送秋波的小伙子不少,称她为"公主"。她心里充满着甜蜜,憧憬着幸福的明天。

有一天,拉凯莱走在路上,迎面来了一个吉卜赛女郎。这个吉卜赛女郎对拉凯莱说:"你将来会得到最高的荣誉。事实上你将来会和皇后不相上下。以后一切又将毁灭,随之而来的是一个痛苦的时刻。"接着,她递给拉凯莱一块小石头,说"拿着它,不过得给我一袋面粉"。①拉凯莱惊奇不已,慌忙地逃回了主人家。对她前途命运的预卜,当时她虽毫不介意,然而却是终生难忘的。这个故事是拉凯莱自己讲的,真实性如何,旁人就很难讲清了。

1908 年的一个星期天,拉凯莱陪着主人家的小姐离开了教堂,在回家的路上,忽然听到背后有人叫她的名字。回头一看,原来是九年不见的本尼托·墨索里尼,几乎认不出了。

他留着一嘴胡子,系一条宽领带,头上戴着一顶大黑礼帽,衣服已很旧了,口袋里露出一叠报纸。

"你好!凯莱塔(拉凯莱的昵称)。你长大了。现在是一位小姐啦。"墨索里尼望着拉凯莱,眼神里带着感情。

在拉凯莱看来,墨索里尼的眼睛似乎比以前更大了,她的心被他闪着光芒的眼神打乱了,对他捉摸不透的话语,一时竟回答不出话来。但她发现过路的行人对墨索里尼显得有几分恭敬,她心里暗暗感到高兴。

在分手前,墨索里尼问道:"你为啥老是不来我父亲的小铺里看看你母亲?"

---

①拉凯莱·墨索里尼:《口述墨索里尼传》,第 15 页。

"因为查地尼不许我去拜访革命者的家庭，"拉凯莱回答说，"不过我将请求夫人答应我前去看看。"①

就这样，他们又开始相识交往了。在以后的星期假日里，他们每次都相会，互相热恋着。有一天，墨索里尼对拉凯莱说："你为什么要老待在查地尼家？你应该和你的母亲、我的父亲一起在这个小客栈做事。听着，一个星期内我就要前往特兰托(奥地利)一家报社工作。在我走以前，我希望你在小客栈里安置停当。"口气是命令式的，拉凯莱听了虽有些不舒服，但3天后还是搬到母亲那里去了。临走前，墨索里尼几乎又用命令的口吻通知拉凯莱说，他回来后他俩就结婚。此刻的拉凯莱毕竟还是个少女，她只是朦胧地品味着恋爱的甜蜜，压根儿没有想过结婚的事。而现在墨索里尼事先既未和她商量，又未向她求过婚，就粗暴地单方面决定终身大事，这无疑伤害了她那纯朴的心灵。因此她认为没有必要回答，然而她内心那神奇的初恋热情并未消失。墨索里尼走后，她把向她求婚的事也置之脑后了。

亚历山德罗反对儿子的这桩婚事。随着自己步入老年，他想的事也多了。他认为儿子和自己一样从事政治，妻子将成为政治的牺牲品，因此竭力劝拉凯莱另找对象。拉凯莱内心很矛盾。她当然不愿步罗莎·玛尔托妮的后尘，但又不能把墨索里尼忘掉。墨索里尼去特兰托后，一个有身价的年轻小伙子热烈地追求拉凯莱，她没有明确拒绝。

8个月后，墨索里尼被特兰托奥地利当局驱逐出境，回到了弗利。他得知拉凯莱和另一个男朋友有来往，就马上要她把那年轻人的信件统统烧掉，同时又亲自找到了那个小伙子，命令他不

①拉凯莱·墨索里尼：《口述墨索里尼传》，第16、17页。

许再和拉凯莱往来。墨索里尼盛气凌人，他的用意清楚地表明，凭他墨索里尼的名气就可打倒他人。那个年轻人果然不敢再来了。

拉凯莱反抗了。她声明，她不能嫁给他，理由是他搞政治。她说："在政治示威中或在监狱中度过其一生的男人不能做我的丈夫。"①

墨索里尼坚持他的霸道行为，他命令拉凯莱待在小客栈自己的房间里，禁止她到外面去跳舞，甚至不许她到店堂里去接待顾客。此时墨索里尼单独在外面租有一间房间，为了阻止拉凯莱和他人接触，他每天亲自来到父亲的小客栈，代替拉凯莱去做服务招待和洗洗涮涮的工作。开始老顾客们不要他服务招待，依然要金发姑娘出来招待。墨索里尼就拉起了小提琴为顾客助兴，顾客们也高兴起来了。

为了独占拉莱凯，阻止别的小伙子和她谈情说爱，墨索里尼费尽了心机。为了改变拉凯莱的想法，他时而含情脉脉地开导她，时丽又以自杀相威胁。"如果你不要我，那我就死在马路上的汽车底下"，他常常这样说，并扬言要拖着拉凯莱一起去死。

1909年的一个秋天的夜晚，墨索里尼在弗利组织了一个社会党人的集会，他本人将在会上发表演说。亚历山德罗邀请拉凯莱和他一起去，说"你愿意和我一起去吗？你可以去听听本尼托的演说，然后留下来跳跳舞"。拉凯莱很想去，但一想到墨索里尼的那副蛮横相，又有点害怕。可是在亚历山德罗的一再鼓励下，最后她还是去了。

会议大厅里挤满了人。当墨索里尼登台演说时，台下有人高

①拉凯莱·墨索里尼：《口述墨索里尼传》，第19页。

呼:"本尼托万岁!""墨索里尼万岁!"此刻,拉凯莱感到有几分骄傲。

跳舞开始后,一个风度翩翩的男子邀请拉凯莱一起跳舞。拉凯莱已好久没有跳舞了。正当他们跳得十分起劲的时候,墨索里尼突然闯到他们面前。他怒气冲冲地一把将拉凯莱拉过来,然后强拉着她和自己一起跳,一双大眼睛像两只灯泡似的闪着怒火。邀请拉凯莱跳舞的那位男子给惊呆了。一曲终了,墨索里尼拖着拉凯莱就往外走,跳上一辆出租汽车直奔家中。

拉凯莱的母亲和墨索里尼的父亲很快赶来了。此时墨索里尼仍怒气未消,大发雷霆,粗暴地斥责他们随便让拉凯莱出去跳舞。拉凯莱的母亲是个温顺的女性,看到本尼托如此专横粗暴地对待自己的女儿,也受不了啦。

"我告诫你,"裴蒂太太抗议说,"拉凯莱尚未成年,再过一年才18岁。如果你不让她独自生活,我就去官府告你,到时你就得去坐牢。"

"好吧。"墨索里尼说完就走出房间去了。但是不一会儿工夫,他手里拿着一支他父亲的左轮手枪回来了。他凶相毕露地用枪口对准拉凯莱母亲的脸部说:"现在该是轮到我告诫你啦。裴蒂太太,你看到这支左轮手枪了吗?听着,这里面有6颗子弹。如果拉凯莱不嫁给我,那么其中的一颗是她的,而其余五颗是我的。现在由你选择。"[1]大家都惊呆了。一切事情就在两分钟内决定了。拉凯莱在枪口下和本尼托订了终身大事。

订婚后,墨索里尼把未婚妻安置在拉凯莱的姐姐皮娜家暂住。他自己每天傍晚骑着自行车去看她一次。

---

①拉凯莱·墨索里尼:《口述墨索里尼传》,第19、20页。

1910 年 1 月的一个下午，乌云翻滚，天似乎很快要下雨了。这天墨索里尼比往常去得早。一跨进门口，他像讲日常生活小事那样十分平静地对皮娜说："皮娜，我已为拉凯莱找到了一间房子。我要她跟我一起去住，并为我生孩子。叫她快些收拾一下，因为我还有其他的事要办。"又是命令式的，只给拉凯莱五分钟的考虑时间。"那么让我们马上走吧。"拉凯莱无可奈何地说。走到路上，天下起雨来了。新郎、新娘给淋得像落汤鸡。

拉凯莱的"嫁妆"是够寒酸的了，计有一双已穿了 3 年的鞋、两块手帕、一件罩衫、一条围巾、几里拉钱。在几条狗的护送下，他们冒着雨来到了新房。墨索里尼为他的小家庭置办的家具是：一张床、两把椅子和一只木炭炉。墨索里尼和拉凯莱·裘蒂的 35 年的婚姻生活就这样开始了。年轻时的墨索里尼思想"激进"，无视一切传统和习惯。他和拉凯莱同居，没有办过任何手续。既没有请证婚人，也没有请神父；既没有举行世俗的婚礼，也没有举行宗教的婚礼。按法律讲，他们不是合法夫妻。墨索里尼之所以这样做，一个重要的原因恐怕是为他自己的性放纵留一条后路。在两性关系上，这个独裁者是很放纵的，他一生勾搭过许多女人，以此来解脱孤独，取得精神上的平衡。后来，迫于压力和政治需要，他才和拉凯莱·裘蒂又先后补行了世俗的和宗教的婚礼。

4 一名小卒

1914年是世界大动荡开始的一年。这一年,意大利国内的阶级矛盾进一步激化,各派势力都在显示自己的力量。许多人胆战心惊,墨索里尼则沉着地在用"显微镜"观察分析形势,寻找"共同的对象",以便"来一个一致的大流血"。就在这时,1914年6月28日,从塞尔维亚的萨拉热窝传来了一个惊人消息:奥匈帝国的皇储弗兰茨·斐迪南夫妇被塞尔维亚民族主义者谋杀,双双饮弹身亡。墨索里尼获悉后惊呼:"机会到了!机会到了!"这一事件给他提供了什么机会呢? 这里得简单地回顾一下当时的欧洲形势。

奥匈帝国一心想吞并塞尔维亚,皇位继承人弗兰茨·斐迪南大公则是推行这一侵略计划的最狂热的军国主义分子的首脑。他竭力主张对塞尔维亚进行"预防性的战争"。因此塞尔维亚爱国的民族主义者认定弗兰茨·斐迪南是他们祖国最凶恶的敌人,并刺杀了他。斐迪南的被刺却给奥匈帝国提供了一个向塞尔维亚发动战争的借口。奥匈帝国的背后有德国撑腰,而塞尔维亚的背后则有俄国支持。沙皇俄国为了维护它在巴尔干的利益,竭力阻止奥匈帝国吞并塞尔维亚。英法、俄法、英俄之间分别订有协约,英、俄、法实际早已形成协约国集团。法国誓做俄国后盾,英国当然想一举击溃它的劲敌德国。因此,奥匈帝国向塞尔维亚开战,势必引起连锁反应,最后导致爆发一场世界规模的战争。双方的后台都想打一打,仗终于很快打起来了。7月28日,奥匈帝国向塞尔维亚宣战,不到3个月,这场冲突就很快发展成人类现代史上的第一次世界大战。

第一次世界大战爆发后,意大利全国上下分裂成了"中立派"和"主战派"。"中立派"以原首相焦利蒂为代表,"主战派"则以邓南遮和墨索里尼为代表。大战初期,"中立派"在意大利的政治天平中占优势。焦利蒂是一个素谙官场权术的政客。从议会、内阁、司法、行政、军队,乃至地方,都有他提拔的官吏,织成了一个权势网。同时,他善于操纵各党各派,且又有"善于从沉船中脱身"的本领,因此从1901年起直到第一次世界大战,他几乎左右了意大利内阁。大战爆发后,他主张意大利保持"中立",以静候"补偿之收获"。意大利本来与德奥两国订有"三国同盟条约"(1882年5月),但大战爆发后,它竟于1914年8月3日宣布"中立"。意大利宣布"中立"后,英法十分高兴,千方百计地来拉拢意大利。"主战派"则在内部猛烈攻击"中立派",以致焦利蒂内阁很快垮了台。继焦利蒂出任首相的是萨朗德拉。萨朗德拉内阁十分狡猾,它继续观望形势,利用"中立"向参战双方讨价还价,想利用参战大捞一把。

欧洲的这种错综复杂的形势以及意大利统治集团的这种态度,导致意大利社会党也分裂为"主战派"和"中立派"。社会党是当时一个影响较大的政党。该党的领导层及其党员,初期大部分主张意大利应严守"中立",以墨索里尼为代表的一派则坚决主张参与这场帝国主义战争。

在第一次世界大战爆发前,墨索里尼表面上忠于社会党的政治立场,以反对帝国主义战争而名噪一时。1911年9月,意大利帝国主义者发动了意土战争。这是第一次世界大战前夕的一次小型的帝国主义战争。当时墨索里尼竭力反对这场战争。他指责当权者"把大刀当成法律,把军队当作国家的学校"。他写道:"强盛的国家应有适度的理性,不必入于疯狂的状态中,像今日意大利所走的路一样。国家主义的、黩武主义的意大利却显得缺乏这种理性。所以会发生这样的事:把悲惨的侵略战争当作罗马帝国的胜利来庆祝。"①他高呼"打倒战争!"过了2年,第一次世界大战爆发后,墨索里尼来了一个180°的大转弯,唱的完全是另一种调子。他大言不惭地说:"我们必须认清此战与彼战之不同,正像认清罪与罪、血液与血液之间有不同一样……我们不是,也不愿意做永远躺着不动的死人。我们是人,是活人。我们愿意在历史的创造上有所贡献,不管这贡献是如何的平凡。"②彼战与此战,意土战争与第一次世界大战,性质并没有变,只是规模大小不同而已。所变的是墨索里尼的思想。

墨索里尼主张意大利抛弃与德奥的同盟关系,转而和英、法、俄携起手来向奥开战,认为奥地利占领了意大利东北部的一些领土,弄得奥意国界犬牙交错。他说:"我们之参加战争,与其说反对德国,不如说反对奥国。""斐迪南大公是我们的敌人。"③墨索里尼认为第一次世界大战是个千载难逢的良机,应该趁机"同奥国清算清算","中立会使意大利一无所得","要干现在干,要等不必干"。④

①约翰·根室:《欧洲内幕》,第153页。
②费纳:《墨索里尼的意大利》,第101页。
③路德维希:《墨索里尼谈话记》,第80页;墨索里尼:《我的自传》,第31页。
④墨索里尼:《我的自传》,第36页;拉凯莱·墨索里尼:《口述墨索里尼传》,第33页。

墨索里尼的上述态度反映了意大利垄断资产阶级和统治集团的扩张野心。大战爆发后，协约国集团和德奥集团都竭力拉拢意大利。意大利政府则施展两面手法，向交战双方讨价还价。最后，英、法、俄全部满足了意大利的要求，于1915年4月在伦敦签订了"秘密协定"。协定规定：大战后意大利将获得蒂罗尔南部、特兰提诺、的里雅斯特、伊斯特里亚、达尔马提亚，以及阿尔巴尼亚、土耳其的部分领土，勃伦纳山口将作为它的北部的边界。协约国这头猛兽答应分给意大利一块肥肉，于是意大利于1915年5月撕毁德、奥、意3国同盟条约，向奥宣战。以墨索里尼和邓南遮为代表的主战派在全国组织示威游行，高呼"战争万岁！"

墨索里尼鼓动参战的言行受到了意大利社会党的谴责，指责他是与党"背道而驰"，是"变节"，因此撤销了他《前进报》主笔的职务，并把他从社会党内开除了出去。

被社会党开除，墨索里尼并不在乎，但"革命"这个旗号他仍要打下去。因此他学着尼采的腔调说："他们恨我，因为他们仍爱着我啊！但是他们不能动摇我的社会主义信念，也不能用撕掉党证的办法来阻止我为革命事业而奋斗。"①

其实这时墨索里尼心目中的"革命"，已接近后来的法西斯主义了。继续留在社会党内，对推行他的主义已很不方便，因此被开除以后，他"顿时觉得神清气爽，身体轻松"。

他说："以前我为党规党纪所缚，不能尽我的力量向前奋进，现在自由多了。"要宣传他的思想和主义，他认为"非借报纸的力量不可……要有实力，非报纸不可"。墨索里尼是记者、编辑出

---

①拉凯莱·墨索里尼：《口述墨索里尼传》，第33页。

身,深深懂得舆论的重要。他把报纸视为进攻的武器和防御的装甲,进可以攻,退可以守。因此他想马上办一张自己的报纸,又苦于手头无钱。但他的一些信徒出钱出厂房,并和他一起奔走筹划,并得到法国人的暗中资助。在离开《前进报》后不久,1914年11月15日,墨索里尼就在米兰创办了《意大利民报》。报纸发行后,他欣喜若狂,视这张报纸为他"最宝贝的孩子",说"我是什么样的人,它就是什么样的报"。①此话一点不假,《意大利民报》纯系墨索里尼的宣传工具。他利用《意大利民报》这块阵地,发表文章,报道战争消息,宣传他的主张,鼓动对奥战争。他说:"今天我们唯一应该记住的就是,大家都是意大利人,我们要对奥地利以牙还牙。"

意大利参战后,1915年9月,墨索里尼重新应征入伍。他把《意大利民报》交托给他的几个同伴,嘱咐他们务须把这盏关系着"国运"的明灯"时时点着,不要熄灭"。命令他们"主战到底"。

墨索里尼入伍后,被编入第11轻步兵联队,即勃萨格立里团,当一名小卒、一名侦察兵。1915年9月13日,他所在的部队开赴前线。他在《战时日记》中记叙说,这天"我们向火车站行进,列车已准备好。我们的朋友叫喊:意大利万岁!"。9月15日,该部抵达意奥边界。这时勾起了他往事的回忆,颇有感触地说:"我们到了旧时的边界。路旁有几间民房和一所哨所。奥地利的国徽已不见了。我回忆起1909年10月被奥地利帝国驱逐出境的情景,不禁有今昔之感了。中尉叫了一声。意大利万岁!我站在队伍的前头,跟着喊了一声。接着一下子400个声音一齐喊了起来:意大利万岁!"②

---

①墨索里尼:《我的自传》,第38、40页。
②墨索里尼:《墨索里尼战时日记》,第1、15页。

在社会上，墨索里尼当时已是个小有名气的政治人物，因此一到前线，部队的长官也来巴结他了。9月20日，团长召见他，一见面就说："我很高兴有你在我们的部队里。今天我叫你来，第一想和你握握手，其次我有一个任务想委任你。你得留在我的身边，你老是在战线上，并且老是冒着炮火，这不行。你替巴拉瑞中尉分担一部分行政工作。并于空时将联队第一次的战史写下来。当然，这是我的一个建议，不是命令。"墨索里尼是怀着军国主义的情绪入伍的，因此他拒绝留在团部搞文书工作。他回答说："我宁愿和我的同伴们留在战壕中……我不是为了写字，而是为了战斗才来当兵的。"他歌颂这次帝国主义战争。他写道："今天，充满了泥泞与鲜血的战壕吞食着人；可是，明天的欧洲会看见绯红色的自由之花在这悲惨的战壕中抽出芽来。"①

可是，广大意大利士兵并没有墨索里尼这种"高昂"的士气。战争的头几年，意大利和德奥并没有激烈的战斗，前线的战时生活显得懒散。这从他的日记中也可以看出一点端倪："战壕里的生活是自然的、原始的生活，有点儿单调。我们的日程如下：早晨，没有起床号。谁高兴睡多久就睡多久。白天，大家什么事都不做。我们可以……去找别的中队的朋友，我们可以斗牌，牌不在时就押宝；大炮响时，大家就数大炮声的次数。分配食物是一天中唯一的慰藉。""每天早晨，当分配咖啡时，士兵与士兵间，尤其是士兵与班长之间，总要发生争吵。怪事：一些随时都可能死去的人却为了一口咖啡而互相争吵。"大晴天，士兵们经常在太阳底下捉虱子。墨索里尼说："雨和虱子是意大利士兵的真正敌人，大炮还在其次。"他们不但自己捉虱子，而且还看他们战壕前面

---

① 拉凯莱·墨索里尼：《口述墨索里尼传》，第33页。

的敌方士兵抓虱子。在 1916 年 12 月 27 日的日记上，墨索里尼是这样写的："那边，几十米远处，有两个奥国士兵泰然地站着谈话。稍远处，另一个士兵同样泰然地理着晨妆。他脱下外衣、衬衫、背心，捉着虱子。捉完虱子，他深深地伸了个懒腰，望了望四周，接着就回到自己的掩体工事里去了……黄昏，云在裂开；海上，一弯上弦的新月……天空，星星这里一颗，那里一颗。"①很难想象这是枪炮对立的前线战场，倒像是和平安静的升平世界。

意大利士兵不但士气低落，而且厌恶战争，向往和平生活。墨索里尼在日记里记录下来的士兵们哼的一些歌曲，清楚地流露了士兵的这种情绪。其中一首是这样的：

> 要在水上漂浮，
> 必须要有小舟。
> 要黄昏时谈情说爱，
> 必须要有少女。
> 美丽的姑娘，
> 她们不会恋爱。
> 我们，我们轻步兵，
> 要教会她们恋爱。

如果说这首歌反映了士兵们渴望爱情，渴望和平，那另一首歌则是控诉战争拆散了一对情人，夺去了他的情人。它是这样说的：

---

①墨索里尼：《墨索里尼战时日记》，第 55、63、233、234 页。

我当了两年半的兵，
今晚送来了一封信。
它也许是发自我的恋人，
当我离去时她重病在身。
长官，我来向你请求，
你肯许我请假走不？
当我走到我村附近时，
我听到了钟鸣声。
唉！今晚他们抬去埋葬的，
莫非是我亲爱的恋人？
啊，抬枢人，
请你们停一停。
如果走时从没吻过她，
死了我至少要吻她一下。
她从前能使花香的嘴，
今天有了泥土的气味。

　　墨索里尼不理解这些纯朴的士兵，其实他在前线也是无所作为的。真正的恶仗从来没有打过。这从日记中多少能看出一点。但事后他在自传中却吹嘘说："我从第一天起，就决心做一名最好的士兵，服从命令，严守纪律，用全力尽我当兵的义务。"1917 年 2 月 23 日，墨索里尼在战壕里负伤。但他并不是被敌人打伤的，而是由于自己的一颗榴弹炮弹爆炸受伤的。当场炸死四人，伤数人。墨索里尼就在爆炸圈内，没有丧命，但受了重伤。这天的日记，他是这样写的："午后一点钟左右，我们在一一四段开始用一尊战壕榴弹炮射击……射击直到最后一弹不曾发生意外。最后一炮出事了。炮弹在炮筒里爆炸。碎片如雨般的向我打来,我被抛在几米之外。"①

墨索里尼被送进了医院,开了 27 刀,从他身上取出大小弹片 44 块,手术中只有 2 次用了麻药。他成了一名"绿林好汉"式的人物。有一次,意大利国王前往医院慰问伤兵,还走到墨索里尼病榻前和他交谈了几句。

"你一定很痛吧,墨索里尼。"国王说。

"极度痛苦,陛下,但能忍住。"

"你是否记得,6 个月前我在西维达莱医院见到过你。当时 M·将军向我介绍了你的许多好事。"

"谢谢您,陛下,我只不过是像其他所有的战士一样尽了我应尽的职责。"

"我知道,我知道,这很好,墨索里尼。"②

听了国王的夸奖,墨索里尼受宠若惊。他在《我的自传》中说"不但我永世不忘,全意大利人民也永世不会忘记的。"伤愈后他没有再返前线,而是回到了《意大利民报》,继续去大造他的"主战到底"的舆论。

意大利自参战以后,军事上毫无建树。直到 1916 年 8 月以前,它和德国仍维持着和平状态。1917 年,为了攻取的里雅斯特,意军向奥军发起进攻,结果惨败而归,20 万意军被俘。幸好英、法派来 20 个师的援兵才使意军免遭全军覆没。1918 年,大战已近尾声,德奥败局已定。为了抬高战后分赃时的身价,意军于 10 月间集中优势兵力向奥军发起进攻。此时奥军已毫无斗

①墨索里尼:《墨索里尼战时日记》,第 255 页。
②拉凯莱·墨索里尼:《口述墨索里尼传》,第 150 页。

志,结果全面溃败,被俘60万人。奥地利求和,意大利遂于1918年11月4日和奥地利单独签订了"停战协定",并要奥军退出前线。意军遂占领了按"伦敦秘密协定"规定划归意大利的那些原奥国领土。

1918年11月11日,德国代表在贡比涅森林的一节火车上签署了停战投降书,第一次世界大战以协约国一方的胜利而宣告结束。

意大利怀着扩张领土的野心参战。在这场战争中,意大利动员了527万人力,其中652000人丧生,100来万人伤残,支出战费460亿里拉。付出如此惨重的代价,换来了胜利。全意大利沉醉在胜利的狂热之中,当然人民是欢庆和平的到来。眼看胜利果实的肥肉快到口了,墨索里尼高兴得手舞足蹈。他得意忘形地说:"这是意大利全体民族的胜利。在沉睡了一千年以后,意大利民族重新苏醒了,再度显示了我们的道德、精神和传统的威力。我们深感欣慰的是,将来意大利在新欧洲的地位该有多么的重要。"[1]墨索里尼在这里讲的沉睡了一千年的意大利民族"重新苏醒了",再度显示了"传统的威力",指的是要"复兴"昔日罗马帝国的威风。那么,在战后欧洲列强的政治舞台上,意大利将扮演什么角色,它的地位究竟有多么重要呢?且看日后帝国主义列强是如何钩心斗角、尔虞我诈的。

---

①墨索里尼:《我的自传》,第55页。

5 一股恶浪

墨索里尼是怀着"为国家争一个与列强并列的权利和地位"的目的参军打仗的。协约国集团取胜以后,他满以为意大利从此可以和其他帝国主义列强平起平坐了。然而,他看到的情景又如何呢? 他写道:"大战后,从1919年到1920年的两年中,是意大利生活最黑暗最痛苦的一个时期。将统一而尚未统一的国土上悬着一片可怖的乌云;统一的前途满布着荆棘。"[①]墨索里尼所谓的"国土的统一",其实是领土的扩张。

这时墨索里尼扮演的是一个忧国忧民的"爱国主义"战士的形象。他竭力向人们鼓吹"国家至上,民族至上"的观点。这种"国家主义"的思潮在当时意大利是颇有市场的。有一个政党就叫"国家主义党",专门鼓吹这一套理论。而一般善良的意大利人是很难辨别进步的爱国主义和狭隘的、反动的爱国主义之间的界限的。"爱国主义"这个词很迷人,况且真理和谬误之间常常也只有一步之遥。而战后的意大利确实面临"痛苦与黑暗"的历史关头,是英雄和奸雄都可以大显身手的大好时机。墨索里尼打着"爱国主义"旗号鼓吹的一套东西颇能迷惑一些人,同时他也确实具有摇唇鼓舌、口若悬河的论辩口才。

[①]墨索里尼:《我的自传》,第59页。

停战协定签字后,意大利大批军人从前线回到地方;战时物资的匮乏引起了对各种商品的狂热需求,从而导致物价飞涨。复员军人要工作,要面包,这给意大利社会带来极大的压力。在俄国十月革命的影响下,一部分退伍士兵联合农民展开武装夺取土地的斗争,当然,退伍士兵中也不乏"国家主义党"和邓南遮的信徒,也不乏亡命之徒。墨索里尼很快发现这是一支可以好好加以利用的社会力量。

战后,意大利的工人运动深受俄国十月社会主义革命的影响,从 1919 年起逐步走向高潮。工人们要求面包,要求增加工资,要求停止武装干涉苏维埃俄国革命。他们打着镰刀的红旗示威游行。罢工浪潮迭起。1919 年罢工人数是 150 万,1920 年增加到 220 万。1920 年,米兰和都灵的工人发动了夺取工厂的运动。意大利北部的许多工厂、矿山被工人占领。工人组织武装赤卫队保卫工厂,工人自己组织工厂的管理和生产。

对于意大利当时的革命形势,一个右派教授曾这样忧虑地写道:"你知道吗?全意大利 8000 个市镇中,2000 个已入了革命者之手,而富庶的如米兰市,也在其内;你知道吗?全国四分之一的地方已树起了红旗;你知道吗?我们抵抗这些非法的侵占,只有可笑的力量或弃而逃之。啊,那些大人政客们,似在等待苏维埃共和国的来临,并准备浑水摸鱼。"[1]这位教授先生的话生动地反映了当时意大利统治阶级的恐惧与焦虑。

面对工人阶级的革命浪潮,意大利的掌权者确实惊慌失措。他们并不是不想镇压,实在是力不从心。当时又回到了首相宝座的焦利蒂及其政府一筹莫展。焦利蒂的回忆反映了当时意大利

---

[1]刘义岛:《意大利史地》,第 132 页。

统治者的狼狈相。他写道:"这次实现占领工厂的方法使政府面临一系列紧急的和其他的问题,从警察措施到一般社会政策。在意大利各个部分,特别是在皮蒙特、伦巴第和利古里亚等工业区,实行占领工厂的工人至少超过 60 万人……当时,人们责备我没有使用警察来使法律受到尊重和阻止对私有财产的侵犯;换言之,就是责备我没有阻止工人对工厂的占领和占领后没有千方百计地把他们驱逐出去。但是,即使我能在工人夺取工厂以前叫警察先去占领——考虑到运动规模之大,这是很难做到的——那时我自己就会处在这样的一种尴尬地位,即差不多把全部警察力量、皇家近卫军和宪兵关在里面,而无充分的余力去在工人聚集的街道和广场维护秩序;事实上,这样做对革命者是有利的,他们所希望的就莫过于此了。"①

34

这是一段极坦率的自白,虽然有自我解脱的成分,但实际情况确是如此。意大利政府穷于应付各方面的挑战,捉襟见肘,力不从心。而影响当时意大利工人运动的社会党,显得软弱无力。以图拉蒂为首的社会党领导人在千变万化的形势面前,举棋不定。他们没有一个明确的革命纲领,也缺乏行动的勇气,最终失去了历史的大好时机,败在墨索里尼的手下。

相反,墨索里尼倒是看清并利用了这一"有利"的形势。他一面耍弄欺骗伎俩,讨好工人阶级,以掩饰自己的真面目;一面暗中加紧策划,寻求解脱意大利垄断资产阶级困境的出路。为了蒙住穷苦大众的眼睛,他声色俱厉地说:"我是通过我的双手劳动取得生活资料的,我当过小工和泥瓦工。一个在生活中留有这类印记的人,不可能成为工人阶级的敌人。"①他这套自我粉饰居然

————————

① 焦利蒂:《回忆录》,第 436、437 页。

蒙住了一部分纯朴而又愚昧的人们的眼睛。

在国内,意大利政府是如此的矛盾重重,一筹莫展;在国外,意大利虽然捞到了一块战胜国的招牌,想凭借出卖3国同盟的功劳分享一杯羹。但如今是意大利有求于英法,因此在巴黎和会上受到了英法的冷淡。意大利出席和会的首席代表奥兰多围着列强的餐桌转,要求按"伦敦秘密协定"把勃伦纳山口作为意大利北部的国界,并把的里雅斯特、阜姆、蒂罗尔南部、达尔马提亚、伊斯特里亚等地区划入意大利版图。巴黎和会是按军事实力来分配赃物的,英、法、美等国视意大利为"小伙伴",根本不把它放在眼里,奥兰多一气之下,拂袖而去,从巴黎回到了罗马。英法照样不理睬,继续按它们的原则瓜分殖民地。

在巴黎和会上,英国为它的帝国增加了250万平方英里的殖民地,法国攫取了100万平方英里,而意大利只做了些"边界修正",仅分得10万平方英里。[2]对此,墨索里尼有一段酸溜溜的道白:"像我们这样一个强有力而又富于生产的国家,需要原料,需要出路,因人口过剩,需要土地,又需要市场,然而托了盘子四面分殖民地时,我们只得了一些无关紧要的、又一文不值的叫作什么边界修正。"墨索里尼道出了意大利垄断资产阶级的心里话,因此意大利大亨们哀叹:"和议成功,意大利两手空空。"

意大利垄断资产阶级骂英法"不公",骂"自由派"政府"无能"。他们认为,意大利所演的是有史以来世界各国的胜利者在胜利后所演的最大悲剧。

意大利处于内外交困中,走马灯似的更迭内阁显出了统治

---

①转引自杜美:《意大利法西斯主义的兴起》,刊于《世界现代史论文集》(1980年),第200页。

②赫·赫德、德·普·卡利:《意大利简史》,第368页。

集体团内部软弱无能和走投无路。人民不满,垄断资产阶级和中小企业主也不满。人心惶惶,人们盼望有强人出来"振兴国威"。资产阶级已被弄得焦头烂额,迫切想寻求摆脱困境的出路。他们在物色可靠的代理人。一个名叫赛拉奥的人,他写了本题为《罗马的征服》的书,喊出了垄断资产阶级的心声。他写道:"罗马是个世界性的骄傲的城市,它知道一切,因为它见过一切,它因此对于一切也就似乎成了个司空见惯、漠不关心的了。它总是沉着,它总是安静,它的灵魂变成了麻木不仁,简直变成了不知爱情为何物的美女。但总有一天要到来,总有一人一事要到来,要打破它的沉着与安静而征服它……这个征服罗马的人,要有铁打的心肠和钢铁的意志。年轻、顽强、正派、勇敢、坚毅、坚韧、沉着、无弱点,尤为这个征服者应具有的要素。"①

这无异于一个"超人"了。就在这时,墨索里尼"脱颖而出"。他对那班渴望有人出来收拾残局的人说:"不要怕,意大利这场大病不久会复原。但如果我们不予重视,这病也许会变成绝症。我们要说的是奋斗!奋斗!两年之内我将扭转乾坤。"②垄断资产阶级终于盼到了他们的"救星"。

墨索里尼如何来收拾这盘残局呢?意大利在巴黎和会上的失利和战后大批退伍军人所面临的困境,这是当时两个极敏感的社会问题。墨索里尼决心从这里入手,大做文章,既投垄断资产阶级的胃口,又可把一大批亡命之徒聚集到自己的周围来。他说:"1919年开始的几个月,意大利受了像尼蒂这类政客的搬弄,我看只干了一件事,就是尽毁战后所得的胜利品。他们纪念胜利的唯一方法是牺牲国界,牺牲领土。他们忘了大战中我们死

①转引自刘文岛:《意大利史地》,第132、133页。
②墨索里尼:《我的自传》,第87页。

了六十多万,伤了数百万同胞。无数的血都白流了。"①墨索里尼的话说到了一些人的心里去了,在许多信奉国家主义的人们心中引起了共鸣。

1919 年 2 月 28 日,墨索里尼在《意大利民报》上,借死人做文章,进一步煽动说:"你们千千万万无数的英雄们,你们要战争,知道用什么方法达到战争的目的;你们进行了战争,知道如何进行战争;千千万万视死如归的英雄们,你们像千万颗明星闪烁天空,表现了意大利民族主义的英雄主义。但你们可知道,有一班无赖正在捣你们的尸骨吗?你们可知道,他们正在践踏浸透了你们鲜血的土地吗?你们可知道,他们要把你们崇高的牺牲精神贬得一文不值吗?永垂不朽的英魂,你们不要怕。我们的任务刚开始。我们决不允许谁来伤害你们。我们拼着命来做你们的卫士……我们要不惜在大街小巷中挖掘战壕来做你们千千万万英魂的卫士。"②墨索里尼以维护战争胜利果实的卫士——意大利垄断资产阶级的代言人自居。他抬出"阵亡将士"的灵牌,所要的是统治活人的权利。"我们从前线归来而没有死的人,要求有统治意大利的权利。"③他不加掩饰地喊着。他这套蛊惑人心的言辞,着实把一批批亡命的退伍军人煽动起来了。他们纷纷投到墨索里尼的麾下,成了早期法西斯"敢死队"、打手的骨干力量。

适应战后初期意大利国内外形势需要而掀起的恶浪中,当然不只墨索里尼一股势力。打着类似旗号的还有国家主义党。其中最著名的人物是邓南遮。

邓南遮是法西斯作家。他的作品有诗集《赞歌》《新歌》,小说

---

①墨索里尼:《我的自传》,第 62、63 页。
②墨索里尼:《我的自传》,第 66 页。
③约翰·根室:《欧洲内幕》,第 249 页。

《死的胜利》《生命的火焰》,剧本《死城》等。在他的作品中宣扬色情和尼采的超人哲学。在生活上,邓南遮是个酒色之徒,腐朽的享乐主义者。在政治上,邓南遮是墨索里尼的天然同盟。他狂热鼓吹帝国主义战争,鼓吹领土扩张。他竭力要推动意大利沿着"危险的道路"向着"光荣伟大"的将来前进。

邓南遮在陆、海、空三军里都服过役。第一次世界大战期间,他还驾机轰炸过奥地利首都维也纳。他主张冒险。巴黎和会在讨论阜姆成为独立市时,1919年8月,邓南遮借口"保卫意大利的纯洁国魂",率先带领一群狂热的"敢死队"占领了阜姆。他认为只能借此"孤注一掷"了。他写信给墨索里尼,要求在他"孤军奋战时,请《意大利民报》尽量予以支持"。墨索里尼称邓南遮此举是"精忠报国",说"邓南遮与我的关系,从这件事以后就十分密切了"。邓南遮武装占领阜姆之举,实在是为墨索里尼的法西斯组织开了先河。在邓南遮的"敢死队"里有不少人成了法西斯的亡命之徒。

在邓南遮占领阜姆之际,墨索里尼正大力推行法西斯主义,法西斯分子正大打出手。邓南遮去信鼓励墨索里尼说:"我佩服你的恒心,佩服你的拳头打得准。我要同你握手。"邓南遮和墨索里尼确是志同道合、气味相投。

1920年4月,焦利蒂再度出任首相后,意大利和南斯拉夫签订了《拉巴洛条约》,正式规定阜姆为独立市。邓南遮的人马被迫撤出。墨索里尼为他做最后的呐喊:"阜姆与意大利是不能分离的,用血封好的东西,绝不是外交家的糊涂墨水所能拆开的。"他高呼"邓南遮万岁!"①。

---

① 墨索里尼:《我的自传》,第122、124页。

38

从邓南遮身上涌出来的是一股强烈的国家主义、帝国主义思潮。它和墨索里尼的法西斯主义是在同一块土壤里成长起来的,是一脉相承的,因此后来国家主义势力就很快汇入了法西斯主义的渠道。邓南遮后来也成了墨索里尼的忠实信徒。

一股恶浪

6 法西斯党的出笼

墨索里尼和他的几个同党天天东奔西跑，影响毕竟是不大的。他逐渐认识到，靠少数几个人是应付不了的，"因为各方面的战线太长，涉及问题的面太广"，"必须创立一个打不破的有力的团体"，把具有和自己一样思想的人"联合起来站在一条战线上"，这样才能收到"伟大的功效"。墨索里尼决定建立一个组织。

1919年3月23日，墨索里尼在米兰组织了一个叫意大利"法西斯战斗团"的组织。"法西斯"一词来自拉丁文"fasces"，原指古罗马官吏出巡时所执的权力标志棒，形状为束棒中间插一把斧头，象征暴力和权威，意欲复兴古罗马帝国。法西斯分子都身着黑衫，故又称黑衫党，墨索里尼认为，"黑衫是忍苦耐劳的标记"。他宣称，他建立"法西斯战斗团"，目的是要树立一个"新观念"，建立一个"新运动的基础"，寻求一种"新计划"和推进一种"新方法"，"抵抗灭国灭种的恶势力"。墨索里尼把法西斯以外的政治势力都视为"恶势力"，他叫嚷要打倒一切政党，"把自由主义观念，强弩之末的民主主义以及布尔什维克的洪水猛兽般的乌托邦精神一齐扫荡。"

当时"法西斯战斗团"是披着革命外衣出现的，不然是很难欺骗人民的。看看这些美丽的辞藻吧，其纲领要点是：

（1）政治要求：实行平等选举，降低选举人和候选人的年龄

40

界限,取消元老院,召开国民议会,限制国家宪法。

（2）社会要求:保证八小时工作日,确定工人的最低工资标准,确定残疾人和老年人的劳保,工人代表参与工厂企业委员会,全力支持参战人所提出的精神和物质要求。

（3）财政要求:对资本课税,审查军事供应,没收战争利润的85%,没收教会财产等。

（4）军事要求:取消常备军,建设和训练民兵,确保国防,要求把阜姆、达尔马提亚等并入意大利。①

参加"法西斯战斗团"的多半是失业的退伍军人,其中有邓南遮的信徒,有国家主义党的党员。开始时只有54人,一年后也不过150人左右。

"法西斯战斗团"刚出现时影响是不大的。如果当时要挖掉这个毒瘤,并不费力。然而当时以社会党为代表的意大利进步力量没有能看清法西斯的疯狂性和危险性,听任它一天天恶性发展,等到发现法西斯势力是自己的最危险的对手时,已为时晚矣。在历史舞台上,人们要认清一个制造灾难的事物,常常是要付出惨重代价的。墨索里尼有几句话倒是值得人们读一读的。他说:"回想起来,真是可笑。我们的会议(指法西斯战斗团的会议)竟没有人注意。社会党目空一切、旁若无人的愚笨;自由党抱着一种什么都不愿了解的狭窄心理,都以为法西斯不是什么了不起的组织。"②意大利社会党、自由党,严格说是整个社会、全体人民对墨索里尼一类的历史人物失去了警惕,从而给自己带来了一场浩劫。捷克斯洛伐克的共产党人尤里乌丝·伏契克对法西斯

---

①参阅墨索里尼:《我的自传》,第71、72页;杜美:《意大利法西斯主义的兴起》,刊于《世界现代史论文集》(1980年),第200、201页。

②墨索里尼:《我的自传》,第72页。

的阴谋讲过一句意味深长的话。他说:"人们啊,你们要警惕!"

1919年11月,意大利议会选举。没有一个法西斯分子入选议会。自由党占多数,社会党也占了150席。社会党也许是胜利冲昏了头脑,忙于庆祝胜利,还是不把法西斯放在眼里。而这时,墨索里尼开始改换手法,除了加紧制造舆论,鼓励门徒不断"抵抗!抵抗!"以外,他开始注意使用暴力。他发现光靠宣传统一不了"民意",也推行不了法西斯主义。他说:"工人与农民是无知无识的。用好听的言词做文章宣传,发表演说,想由此开辟一条新路,结果是等于零。""民意之易于改变,正像改变沙滩边的沙堆的形状一样……但民意是永远统一不起来的,从来没有一个政府能够使人民个个快乐满意。要解决一个问题,不论用什么方法,即使你有神的智慧,也必然有一些人怨恨。……怎样才能防止这种不满思想传播开来,避免因此造成一种危害国家团结的危险呢?你得使用武力……在必要的时候。一定要铁面无情地使用暴力。"①墨索里尼在大力制造法西斯舆论、控制舆论的同时,又主张用暴力来控制人们的思想。他说:"在一些紧急关头。暴力有一种精神上的深刻意义。""救国需要铁与血。"他对德国的"铁血宰相"俾斯麦是很崇拜的。他鼓动法西斯暴徒要凶残,要具有"猛鸷性"。1919年10月,法西斯战斗团首先在佛罗伦萨发难。墨索里尼在那里召开一个什么"法西斯战斗团的国际会议",全体法西斯分子出动,手持棍棒、手枪,把社会党等对手打得个措手不及,并迅速控制了佛罗伦萨市。墨索里尼尝到了甜头,得意地说:"佛罗伦萨的会议,好像在长空中浩浩荡荡写出了一个政

①墨索里尼:《我的自传》,第121、120、124页;费纳:《墨索里尼的意大利》,第223页。

体问题。"接着他的门徒运用佛罗伦萨那种大打出手的办法，又控制了米兰、波伦亚、巴尔波、弗拉拉、克里蒙那等地。

从此，法西斯暴徒猖獗一时。黑衫队武装示威，袭击罢工者，冲砸社会党总部，抓住政敌就强迫灌饮蓖麻油。1921年意大利共产党成立后，墨索里尼的黑衫队更加疯狂。他们驱散共产党集会，捣毁共产党机关和报社，杀害共产党人。墨索里尼妄想用暴力砸掉一切进步组织。法西斯历史学家把这种无法无天的暴行称之为"横暴的爱国主义"①。

法西斯的暴行之所以能通行无阻，这和当时统治者的放纵政策是有密切关系的。当时先后担任意大利首相的尼蒂和焦利蒂，对国内方兴未艾的革命运动忧心忡忡，视为心腹大患。他们想借法西斯之手把革命镇压下去，因此对法西斯的暴行采取纵容鼓励政策。黑衫队抢劫、烧毁社会党机关，警察袖手旁观，而军方则容许法西斯分子征用民用或军用卡车作为他们进袭之用。大工厂主们纷纷向墨索里尼大力提供资助；有些企业主则主动向法西斯交纳大笔贿金以求得保护或免遭手持蓖麻油瓶和棍棒的黑衫队的毒手。法西斯分子到处搞打砸抢。法西斯暴力震动了全社会，但没有一支相应有力的社会力量去认真对付它。法西斯这支可怕的恶势力很快在全意大利崛起了。1921年5月选举时，法西斯党徒赢得了35个席位。墨索里尼跨进了议会。这时登记的法西斯党徒有152000人左右。

随着法西斯势力的恶性发展，墨索里尼感到原来的"法西斯战斗团"的组织形式已不适应形势了。他认为原来的组织只不过是一种"立于各政党之外的在野运动"。只算是一个"斗争的组

---

①马克勒兰：《近代意大利史》，第233页。

织,不是一个政党"。而今,人也多了,枪也多了,并且进入了议会,时机已经成熟,"应正式组织一个政党,准备代替旧政党统治国家"。1921 年 11 月 6 日,墨索里尼在罗马召开"全意法西斯大会",正式宣告建立"意大利法西斯党"。

法西斯党等级森严,实行"领袖"独裁制。在法西斯党内,"领袖"决定一切。党章第一条规定:"全国法西斯党是一个执行领袖(Duce)的命令、为法西斯国家服务的民兵组织。"[①]墨索里尼是终身"领袖"。他说:"法西斯党向来以我的旨意为去从……法西斯党离开了我的指挥、领导、扶助与促进,便不能存在,更不能胜利。"[②]为了突出他这个"领袖"的形象,墨索里尼爱好标新立异。他以法西斯的举手礼代替握手礼,说举手礼"比较更合卫生,更有情趣,并且不费时间。"法西斯党中央最高机关是"大法西斯委员会"(中央会议),工作机构是法西斯全国指挥部,指挥部设书记。各省设法西斯省党部,基层是支部。

法西斯党建立后,墨索里尼组织法西斯分子在罗马街头示威游行。"这是要叫大家晓得法西斯现已成熟为一个政党,法西斯党有充实的力量做自卫与斗争的工作。"墨索里尼要让法西斯党显示力量,准备进一步行动了。

---

①兰萨姆:《1918 年以来的欧洲史文选和选读》,第 502 页。
②墨索里尼:《我的自传》,第 144 页。

7　尼采哲学与法西斯主义

尼采被德国法西斯奉为"国魂",而首先实施德国"国魂"的不是希特勒,却是墨索里尼。德国哲学家施本格勒说,"墨索里尼是尼采哲学的实现者"。此话不假。墨索里尼自己也承认,他从追随社会党到改宗法西斯主义,尼采哲学对他产生了重大影响。他在答复一名报纸通讯员时说:"在你给我的信上面,你说我的演说和笔调,有着尼采的口味,你说我研究过尼采。这是确实的。15年前,我还年轻。我在瑞士时,有一次偶然得到了尼采的著作。我把它从头到尾读了,把它读破了。我深深地被这著作所打动。他的著作医治了我的社会主义。"①墨索里尼的法西斯主义无疑是深深地打上尼采哲学烙印的,但把尼采哲学等同法西斯主义显然也是不合适的。那么墨索里尼的法西斯主义学说究竟是什么货色呢? 下面让我们来看一下:

(1)宣扬"超人哲学",鼓吹独裁统治。墨索里尼是信奉尼采"超人哲学"的。他说:"为着从过去中解放人间的意志,在说'我这样想'之前,必须创造新的东西。在新道德的创造上,在艺术及生活上被称之为主动力的服从权力的意志,给予生活以目标。"他赞美说"超人是尼采的伟大创造"。②他宣称,他保存着尼采"积

① 勃伦蒂涅尔:《尼采哲学与法西斯主义》,第 19、20 页。
② 勃伦蒂涅尔:《尼采哲学与法西斯主义》,第 20 页。

极学说的基础"。凭着"超人"的权力意志,他要去创造一个新世纪。因此,他说:"20世纪是一个权威的世纪,一个向右转的世纪,一个法西斯世纪。"①而他是法西斯的"缔造者",是意大利20世纪的"天才",即"超人"。他说:"意大利是常常产生卓越人物的国家,无论如何,我想不会有第二个墨索里尼了吧;即令会有,则意大利恐怕也不会容忍得了吧。"②

法西斯党的党章规定,墨索里尼是法西斯党的"领袖","领袖"决定一切,实行独裁。他自称自己是"独裁者"。他说:"独裁者都是可爱的。""人民一面惧怕他(独裁者),一面却也爱他。民众敬爱强壮的男子。民众本身就好像是女子。"③墨索里尼已到了四五十岁的年纪,但仍游泳、滑雪、骑马,并学开摩托车、开飞机。这和他好动的性格有关以外,大概和他想保持"强壮的男子汉",即"超人"的体魄和形象也是不无关系的。

(2)反对民主主义。墨索里尼在倡导独裁统治的同时,又赤裸裸地反对民主及一切形式的民主制。他在《法西斯主义的学说》一文中是这样写的:"法西斯主义……把枪口对准了所有的民主主义意识形态,既反对它们的前提,也反对它们的应用和实践。法西斯主义否认群体能成为人类社会的决定性因素;它反对通过定期协商,一批人有统治的权力;它肯定人的不平等是不可改变的,是能促进生产的,是有利的,而人是不能通过普选之类的机械的和外加的办法使其臻于同一水平的。"他公开提出,要由法西斯党"对一个民族行使'极权主义'的统治"。④

---

①齐世荣:《世界通史资料选辑》(现代史部分,第二册),第69页。
②路德维希:《墨索里尼谈话记》,第131页。
③路德维希:《墨索里尼谈话记》,第131页。
④齐世荣:《世界通史资料选辑》(现代史部分,第二册),第69页。

墨索里尼仇视民主，仇视一切形式的民主制，这和他仇视群众的思想是一致的。他说："群众……在没有被组织以前，只不过是一群绵羊而已……群众在我手中像一块腊。"墨索里尼对妇女更是百般歧视，他叫嚷"妇女必须被奴役"。他荒唐地认为，妇女只有分析能力，缺乏综合能力；"论到政治，妇女是不能计算在内的"。他自称是"女权论的第一个反对者"。[①]他认为，妇女必须从属于男子，群众必须服从于像他这样的"超人"的"权力意志"。因此，对人民无民主可言。

墨索里尼仇视民主，仇视群众的思想是深受尼采学说影响的。尼采的唯心主义思想在墨索里尼身上进一步得到了恶性发展，并成了一个凶残的实践者。尼采把人民群众诬蔑为"乌合之众""痞徒"。他在其代表作《查拉图斯特拉如是说》中是这样放肆地说的："生活本是快乐之井，然有痞徒饮水其中，就使源泉皆含毒。""凡痞徒所有之昨日及今日，皆发恶臭也！"尼采对妇女亦是极端仇视的。他写道："男子须训练之以作战，妇女则须以己娱战士，其他一切皆为不智。""妇女必须服从，且须为其表面而寻得深底。""你到妇女前，勿忘你的鞭子。"[②]由此可见，说墨索里尼反对民主，仇视群众的思想是受过尼采的影响并不过分。

（3）宣扬国家主义。国家主义是19世纪末随着资本主义进入帝国主义阶段以后在西欧发展起来的一种思潮，它也深受叔本华、尼采的影响。在意大利鼓吹国家主义，墨索里尼并不是头一个。国家主义党先于法西斯党。然而他们确实是天然的同盟者。国家主义党徒很快都投入到墨索里尼的怀抱里。墨索里尼比

①路德维希：《墨索里尼谈话记》，第118、125、169页。
②尼采：《查拉图斯特拉如是说》，第137、138、92、93页。

国家主义更热衷于国家主义。他写道:"法西斯的人生观是反对个人主义的,它强调国家的重要性,只有个人利益符合国家利益时,它才承认个人,而国家则代表作为一个历史实体的人的良知和普遍意志的……法西斯的国家观是无所不包的;在国家以外,不能存在任何人类的或精神的价值,更谈不上有价值了。在这种理解下,法西斯主义是极权主义的,而法西斯国家——它是一种包括一切价值在内的综合单位——则表达和发展一个民族的整个生活,并赋以力量。"①

墨索里尼把个人完全置于法西斯国家的对立面,个人毫无利益、毫无权利、毫无尊严和价值可言。个人不能有物质欲望,更不能有思想。除了法西斯国家以外,"不能存在任何人类的或精神的价值"。可恶的是,墨索里尼在推行其法西斯的国家主义时,打的是"爱国主义"和维护民族利益的旗号。处于绝望之中的一批无知的人们的情绪被他煽动到狂热程度时,就失去了一切理智的判断,盲目地跟着他狂奔卖命。等到人们清醒过来时,历史已为此付出了惨重的代价。这是历史的教训。

(4)反对马克思主义,反对历史唯物主义。墨索里尼年轻时是读过一点马克思的书的。据说,有一个时期他一直把一枚马克思纪念章放在口袋里。然而他从来没有信奉过马克思主义。他读了马克思的书后,拿马克思和拉萨尔相比,得出一个结论:马克思对未来社会的设想比拉萨尔更"有害"。因此他"敬服拉萨尔",认为"他是第一流的知识分子"。②尼采所说的"重新估价一切有价值的东西"这句话,使墨索里尼坚定地走上反马克思主义的

---

①齐世荣:《世界通史资料选辑》(现代部分,第二册),第66、67页。

②路德维希:《墨索里尼谈话记》,第200页。

路。尼采的信徒们认为,"尼采哲学的可贵,在于'对马克思主义式的思想家表示怀疑'"。①

当然,墨索里尼反对马克思主义,除了理论上的信仰以外,战后初期意大利的政治斗争形势也促使他加快公开疯狂地反对马克思主义。俄国十月社会主义革命胜利以后,意大利阶级斗争空前尖锐。当时摆在意大利面前只有两条路:走社会主义革命道路,或走法西斯的道路。墨索里尼清楚地意识到这一点。他分析说:"世界上现有两个宗教,互争胜负,都要统治世界。一个是黑色的,一个是红色的;一封公函今天从罗马发出,另一封则从莫斯科发出。……在胜负未定之前,第一件要紧的事是要把正舵,扬帆往前驶,逆流中也要往前驶,船破了也要往前驶。"②在何去何从这一点上,墨索里尼对当时意大利形势的看法与当时意大利共产党人的分析是一致的,当然出发点和立场却是相反的。墨索里尼高举法西斯黑旗,拼着命要和红色的无产阶级革命决一胜负,因此就疯狂攻击红色革命的理论基础马克思主义和历史唯物主义。

墨索里尼对马克思主义的恶毒攻击,也是丝毫不加掩饰的。他说,法西斯的"人生观使法西斯主义坚决反对构成所谓科学的和马克思主义的社会主义的基础的学说,即历史唯物主义的学说,它用阶级斗争和生产过程及生产工具的改变来说明人类历史,而排斥其他一切……法西斯主义永远信奉神圣的感情和英勇的精神……历史唯物主义把人纯粹看成历史表面之上的傀儡,在浪峰上时隐时现,而真正的指导力量则深居幕后,操纵其

---

①参阅斯·费·奥杜也夫:《尼采学说的反动本质》,第10、15页。
②墨索里尼:《我的自传》,第100页。

间。法西斯主义否定了历史唯物主义之后，也否定阶级斗争的不可改变和无可挽救的性质，而阶级斗争正是经济史观的自然结果；它尤其否认阶级斗争是促使社会变革的压倒一切的力量"。①

墨索里尼这种露骨地反马克思主义，在我们今天许多人看来是疯人说疯话。然而当时却有不少人跟着他跑了，除了害怕法西斯暴力的迫害以外，也因为有不少人思想上占主导地位的是传统的偏见，对国家对民族怀有一种狭隘的民族情绪，以及对马克思主义的无知。墨索里尼正是利用了人们的弱点来兜售他的法西斯主义的。

（5）鼓吹战争。尼采说："爱和平，必须以战争为之做工具……我不劝你们劳动，我劝你们斗争，劝你们征服，使你们的劳动成为战争，使你们的和平成为征服……战争把一切事业都化为神圣。战争与勇气比邻人的爱更能创造伟大的事业。"尼采又说："攻战之悲壮，为强者之必须，亦如仇恨和怨毒之感情之必属于弱者是一样。"②

墨索里尼的战争观又是如何的呢？他说："法西斯主义并不相信持久和平是可能的或有用的。因此，它抛弃和平主义，认为那是一件与自我牺牲恰成对照的怯懦苟安的外衣。只有战争才能鼓舞全部人类精力，使之高度紧张，并在一切敢于面对战争的人身上盖上高贵的印记。其他一切替代办法决不能使人在生死之间和自己面面相觑。因此，一切不惜一切代价主张和平的学说都是与法西斯主义势不两立的。"他又说："一个国家若要保持健康就必须每25年打一次仗，""战争对男人来说，犹如妇女生儿

①齐世荣：《世界通史资料选辑》（现代部分，第二册），第68页。
②参阅尼采：《查拉图斯特拉如是说》，第59页；尼采：《看哪，这人》，第12页。

育女一样的自然。""权位需要战争维持。"比较尼采和墨索里尼的战争观,不难看出它们是十分相似的。

墨索里尼赞美战争、鼓吹战争是为法西斯的侵略扩张制造舆论的。他认为意大利民族是一个正在"勃兴起来"的"帝国民族",是"一个直接或间接领导其他民族的民族"。这个"帝国民族"是"有权"统治别的民族的。他说:"法西斯主义从帝国主义精神,即诸民族的扩张倾向中看到了它们的生气勃勃。在愿把自己的利益限制在祖国以内的相反倾向中,它看出了衰落的征候。勃兴或复兴的民族是帝国主义的;自我抑制是衰亡中的民族的特征。"①墨索里尼妄想复兴古罗马帝国的威风,建立起一个新的法西斯帝国。为了这个帝国,他鼓吹生存竞争,弱肉强食,强者生存的帝国主义扩张理论,并为此做各方面的准备。他说:"我为生存竞争而准备,我也为民族竞争而准备。"②

从墨索里尼的法西斯学说中,我们看到了尼采的鬼魂。尼采说:"我不是一个人,我是一种炸药。"③墨索里尼(还有希特勒)抱起这种"炸药"丢向人间,给人类带来了空前的灾难。当然,墨索里尼对尼采哲学也是采取实用主义态度的。可以用的就拿来,可以歪曲的就歪曲。我们不能说尼采哲学就是法西斯主义。艾米尔·路德维希说,墨索里尼"是一个尼采信徒,虽然他自己是一个庸将"。这话是不错的。

---

①齐世荣:《世界通史资料选辑》(现代部分,第一册)第67、70页;特·泰勒:《慕尼黑和平的代价》(上),第256页。

②路德维希:《墨索里尼谈话记》,第143页。

③尼采:《看哪,这人》,第120页。

8 进军罗马

1921 年 11 月 6 日法西斯党出现以后，意大利的政治斗争白热化了。继焦利蒂上台的首相是博诺米。他是社会党人，后转入民主党。博诺米没有政治抱负，只想调和各党各派的矛盾。墨索里尼认定博诺米内阁是不会有什么政绩的，因此法西斯党要进一步加剧政局的动荡。乱世才能出奸雄，只有大乱墨索里尼才能出山。果然，博诺米很快于 1922 年 2 月垮台了。他的内阁寿命还不到 10 个月。

博诺米内阁倒台后，国王维克多·伊曼纽尔三世召见各党派领袖磋商首相人选。国王也两次召见墨索里尼入宫商谈。墨索里尼对国王究竟谈了些什么，他讳莫如深，说"事关机密，不便宣之于众"。

继博诺米上台的是焦利蒂派的法克塔。墨索里尼认为法克塔是个"胆小如鼠"的"碌碌庸人"，"是一个十足的旧世界代表，谦虚得很"。墨索里尼把法克塔的出现视为民主政府的垂死挣扎。他说，这些所谓自由民主政府的残余，无所适从，灭亡在即，没有办法，只得像快淹死的人抓住一根枯木救命。而那块被垂死的人抓住的枯木却受宠若惊。阴险的墨索里尼此刻一反常态，决定在自己的"报纸上捧捧他"。在墨索里尼看来，上台的人越无能就越有利于自己早上台。法克塔的命运是不难想象的。

法克塔上台后,意大利的形势进一步恶化。银行倒闭,物价进一步飞涨,工人的罢工浪潮一浪高过一浪。面对如此复杂险恶的形势,法克塔政府无能为力,一筹莫展。墨索里尼看出该他出山了,认为"只有法西斯的力量可以挽救。这也是我们的一个机会"。于是他进一步推动这架已经转动起来的法西斯机器,把形势推向极端。

面对法西斯党咄咄逼人的猖獗进攻,社会党、共产党领导下的工会组织于1922年5月24日宣布举行反法西斯的总罢工。墨索里尼决心再度用法西斯暴力来对抗工人的行动。他"毫不犹豫,立刻下了一个法西斯总动员令"。他告示法西斯分子说:"这次我们要一劳永逸地打散这群野兽。"由于社会党和共产党缺乏坚强的领导和有力地反击措施,在和法西斯暴徒的斗争中又吃了一次亏。法西斯做了意大利统治者想做而不能做的事。垄断资产阶级十分高兴。

法西斯进一步得势,进一步猖狂,内阁则进一步软弱下去。墨索里尼意识到该公开亮相了。7月19日,墨索里尼在国会中公开摊出他的底牌。他说:"法克塔阁下,我告诉你,你的内阁不能再生存下去了,说得明白些,不能再苟延下去了。"

这是给垂死的法克塔内阁致命的一拳。接着,墨索里尼进一步把他的"招牌捐出来,堂皇地表示法西斯立场"。他威胁各派议员说:"法西斯有自己的决策。不久我们就要公开宣告,法西斯是准备做政府各党中一个政党呢还是做一个革命的党。若做革命的党,就不能做任何多数派的--部分,也就无需出席这个国会了。"[1]这是公开宣布,法西斯党要的是一党专政,独揽统治大权。

①墨索里尼:《我的自传》,第164、165页。

在墨索里尼的威逼下,法克塔内阁倒台了。8月1日,意大利人民群众示威游行,抗议法西斯摧残民主,剥夺人民的自由。工人再次举行总罢工,抗议法西斯暴行。人民群众煞法西斯的威风,气得墨索里尼直嚷叫:"说法西斯将剥夺人民的自由,世界上哪有比这再不通、再不公、再混账的?"

法西斯分子再次大打出手,驱散游行队伍,破坏罢工,并利用冲突为夺取政权制造借口。

此时墨索里尼看准政府软弱无能,各党各派涣散无力,而一批清谈的政客们尽陷在"小"字上你争我斗。他生动地描绘说:"小问题争执不休,国会中小言小语地你骂我、我骂你;小房间里、咖啡馆里的小阴谋小诡计,争小权夺小利;小报馆里扔小石放小箭。"他的对手误在一个"小"字上,他就策动一个大阴谋。他认为时机已经成熟,决心进军罗马,夺取政权。

进军罗马前,墨索里尼决定先拿主要的对手社会党来开刀。他指挥法西斯黑衫队捣毁了米兰社会党的报社,占领了电车站。他看看政府没有动静,无所作为,就继而控制了整个米兰城。法西斯实力试验成功,墨索里尼大受鼓舞,他得意扬扬地说:"我已决定亲统黑衫队长征入罗马。"

1922年9月17日,墨索里尼在《意大利民报》上说:"我们要将'群众陛下'从魔鬼筑成的坛上推下来。"这是要发动政变的信号。随后他就奔走于南北各地,在那不勒斯、米兰、卡莱蒙那等地召开法西斯会议,亲自布置动员。那不勒斯会议对外佯称"法西斯第二届年会",实际是叛乱总动员大会。他要求各地法西斯黑衫队在规定的时间里迅速夺取邮局、警察局、车站、兵营、政府机关。会后,法西斯大小头目迅速散到各地去做准备。

10月16日墨索里尼在米兰召集法西斯中央会议,密谋策划政变的最后行动。他布置黑衫队按军队改编,"进军"日期定在10月28日。遂下达法西斯总动员令,由法西斯党四巨头米·比昂基、依·巴尔博、戴·韦基和戴·波诺分别率领四个军团,随时准备分四路进军罗马。墨索里尼为最高指挥。

米·比昂基是法西斯党中央的秘书,依·巴尔博是法西斯黑衫军总司令。用蓖麻油灌反抗法西斯政敌的酷刑就是此人发明的。戴·韦基原是一个议员,后来狂热地追随墨索里尼。戴·波诺是个老军人,大战时是墨索里尼所属团的长官。战后,他愤于意大利的"腐败"而投奔法西斯门下,做了自己原先一个部下的部下。政变叛乱的政治顾问是新闻记者出身的狄诺·格兰迪。

法西斯叛乱的总指挥部设在米兰《意大利民报》报社内。在各地布置动员停当后,墨索里尼回到米兰。为了不引起当局暗探和对手的注意,他总是装出副"天大的事与我何干"的神气,照样白天写文章,发稿件,晚上看戏。实际上,他的心情犹如孤注一掷的赌徒,紧张得眼都发红了。

10月27日,他特意陪妻子去看戏,说"一切都要为进军罗马做准备。我到剧场看戏可以迷惑警察。如果我去看戏,他们就会认为近期不会有什么事"。①就在这一天,《意大利民报》等法西斯报刊用大字刊登了法西斯四军团首脑署名的 "法西斯革命宣言"。该宣言声称,第一次世界大战后的四年中,意大利被弄得"四分五裂",而今法西斯黑衫队将抓住"胜利"的时机进军罗马,恢复昔日的"光荣"。它宣布:"从今日起,法西斯的戒严律已成事实。奉领袖令,党内军政大权,今后由本将军等指挥。"其实,所谓"法西斯革命宣言"在很大程度上是一份为了减少叛乱阻力的

①拉凯莱·墨索里尼:《口述墨索里尼传》,第55页。

"安民告示"。它宣称："保卫国家的军队请勿参与此次战争。法西斯向国家军队致以最高的敬意。法西斯也不打警察，专打怯懦无能的、在战后四年中给国家没有干好事的一班政客阶级。产业阶级要懂得，法西斯只求将秩序与纪律奉献给国家，以帮助国家重新走上富强光明之路。农民、工人、铁路员工、机关职员都不必对法西斯政府怀有疑惧，他们应享有的权利，法西斯一定尽力保护。就是对放下武器的敌人，法西斯也宽大对待……法西斯要把一切束缚人民和加重人民负担的规章制度纠正，一刀斩清，统统去掉。我们只有一个目的，就是保障国家的安宁与我们伟大的国格。"①

"法西斯革命宣言"对广大人民来说是一份欺骗性的"安民告示"，而垄断资产阶级看了，则如吃了颗定心丸。"将秩序与纪律奉献给国家"，这正是他们所渴望的。他们深感，近年来的意大利历届政府对内对外都显得软弱无能。通常的资产阶级民主制已无法维持意大利垄断资产阶级的利益，他们需要一个类似俾斯麦的"铁血宰相"，需要非常的独裁统治。墨索里尼的所作所为恰好正中他们的下怀。

"法西斯革命宣言"一公布，各地的法西斯分子闻风而动，米兰、克列蒙那、波罗涅、阿利山迪等地都发生了流血冲突。北意许多城市很快被法西斯所控制。

法西斯的武装叛乱使许多政客们惊恐不安。他们想维持现状，害怕失去权势、地位。米兰的一批议员受法克塔的委托，当晚去找墨索里尼，企图通过改组内阁来安抚他、满足他。而此刻的墨索里尼认为，胜利已牢牢握在他手中，根本不把这批说客放在

① 墨索里尼:《我的自传》，第 176、177 页。

眼中。在他看来,这批书生天真得实在可笑、可怜。他不禁笑着说:"各位先生,我的问题不是内阁局部改组或全部改组的问题。我的问题要比这大得多、广得多。……我们已经宣战了! 宣战了就非战斗到底不可。你们看到这些函电了吗? 酣战已扩展到全国。青年们都已武装起来了。我做领袖是要在前面领导的,不是跟在后面跑的。我决不愿意用妥协来玷污意大利民族复兴的这页光辉的历史。"①接着,墨索里尼向他们宣读了一封邓南遮支持他的信。当时的邓南遮在政界还是有相当影响的,墨索里尼不得不借用他的名声来壮壮自己的声势。这班说客扫兴地空手而归,向法克塔首相回话说,对他"一无办法"。

法克塔内阁的阁员见此局面,纷纷提出辞呈。法克塔本人倒想再挣扎一番,他两次吁请国王维克多·伊曼纽尔三世宣布全国戒严,由政府采取治安措施。国王两次都一口拒绝。这一拒绝,历史却付出了代价。国王显然是对法西斯的力量估计的过高了。其实,当时如果动用国家军队来对付法西斯黑衫队,那局势也许能很快控制住。墨索里尼事后承认,"革命虽不必求助于军队,但军队反抗就不行了;如果军队采取敌对态度,那革命便不能成功"。②

各路法西斯黑衫队扬言已沿着爱琴海、亚得里亚海向罗马进军。国王慌了手脚,匆匆叫侍从副官西达迪尼打电话和墨索里尼联系。

10 月 29 日上午,拉凯莱接到从罗马打来的一个长途电话,讲话的是一个男人声音:"我们要和墨索里尼本人通话。"

"他不在家,"拉凯莱回答说,"您可以在《意大利民报》社找

---

①墨索里尼:《我的自传》,第 180 页。
②路德维希:《墨索里尼谈话记》,第 103 页。

到他。"

"他不在那儿，我们已和那里联系过了。"

半小时后，罗马的电话又来了。电话里说："事情万分急迫。我们要知道在哪里可找到他。我们这里是王宫。"接着侍从副官告诉拉凯莱说，国王已决定让墨索里尼组织新政府。

几分钟后，墨索里尼给家里打了个电话。

"本尼托，王宫里到处在找你，"拉凯莱说，"你在哪里？"

"我知道，我知道。我已和王宫联系过了，我得马上去罗马。你给我收拾一下行李，带套西服和日用品。但不要对任何人讲。"①

原来西达迪尼副官在给墨索里尼家里打了两次电话后不久就找到了墨索里尼，把国王要他马上去罗马组阁的事通知了他。但墨索里尼老谋深算，心想只一个电话不行，一旦变卦了，不能作为凭据。他要国王照电话里的意思，再正式发份电报来。国王没有办法，只好叫副官照办。几个小时后，从王宫向米兰发去如下一份加急电报：

米兰，墨索里尼阁下：

　　奉国王之命通知先生，请即日进京组阁。

西达迪尼

接到电报后，墨索里尼激动不已，说"现在我担负更大责任的时期到了"。他还把电报拿给弟弟阿纳尔多看，说"要是我们的父亲还活着该多好啊"。29日下午，他匆匆把《意大利民报》的编辑事务移交给他弟弟去办。当晚，他带领一帮亲信赶往车站。他

①拉凯莱·墨索里尼:《口述墨索里尼传》，第56、57页。

对车站站长说："我希望准点开车,从现在起凡事都得好好干。"俨然是一个首长在吩咐下属。

第二天,即 10 月 30 日上午,墨索里尼一行抵达罗马。他一下火车就雇了一辆汽车直奔王宫。五年以前,即 1917 年,国王在慰问伤兵时曾在医院见过墨索里尼,而今两人却在王宫里共商国是了。关于这次会见,墨索里尼的妻子有这样一段描述:

"今天,两人中的一个是征服者,而另一个是最近才被打败了的人。国王召唤墨索里尼,只是因为在当前的形势下他害怕失去王位。维克多·伊曼纽尔除了表示友谊和忠诚,没有别的选择。墨索里尼却要统治国家,要使意大利成为一个强国,要使国家机器恢复正常运转,要不要国王都无所谓。"①

这次会见,国王有意身穿一套军服,以此表示他要求保持武装部队最高统帅的头衔。而这一天,墨索里尼却没有穿黑衫,而是着一套西装,他想一步一步走,不想毕其功于一役。这次会见为未来的安排定了调子。国王名义上保留三军最高统帅的头衔,墨索里尼掌握政权。当天晚上,墨索里尼身穿一件借来的大礼服再次来到王宫,呈上他的内阁名单。国王从这位新首相的身上看到了"采取行动和妥善采取行动的意志"。他马上批准了这份内阁名单。从此,意大利历史掀开了最黑暗的一页。

---

①拉凯莱·墨索里尼:《口述墨索里尼传》,第 150 页。

9 建立独裁统治

国王维克多·伊曼纽尔三世授权墨索里尼组阁,这使墨索里尼面临着一个严峻的考验与选择:组织一个什么样的内阁?是一下子组织法西斯独裁内阁好呢, 还时暂时拼凑一个各党各派都有人参加的联合内阁有利? 虽然他来罗马前在米兰和他的亲信讨论过这个问题,但在把内阁名单递交国王前,他仍举棋不定。墨索里尼在罗马萨伏依旅馆来回踱着方步,煞费苦心地权衡着各方面的利弊得失。

这次法西斯的胜利来得很快、很容易,这是墨索里尼没有想到的。尽管许多法西斯分子高兴得近乎发疯,但墨索里尼心里明白,他和法西斯党并未牢牢地站稳脚跟,法西斯党的实力尚未强大到可以把其他党派一脚踢开的地步。以 1921 年 5 月的国会选举来说,虽有 35 名法西斯分子当选为议员,但法西斯党本身仅得 29549 票,而社会党却得 163 万多票,人民党(后改天主教民主党)得 1347000 多票,共产党得 304000 千多票,自由党得 47 万多票。他的法西斯党在议会里尚处于劣势。另外,国王和外国的银行家们还在一旁冷眼地观察他。因此,他意识到,"他的政府的第一件事要给人一个稳定的印象"。

墨索里尼在政治上讲实用主义。他懂得,一味的任性蛮干是不行的。他虽没有受过正规的高等教育,但他博览群书,研读过意大利和欧洲一些国家的历史书。德国的俾斯麦和法国的拿破仑正是他崇拜的对象。他钦佩俾斯麦的"铁血"政策,认为他是一个具有"变通之才"的人物,因此自己也得有变通的策略。他推崇拿破仑,认为拿破仑的政治生涯中有许多教训是可以"引以为戒"的。他认为拿破仑失败的原因是树敌过多。他说,拿破仑"有很多政敌。雅各宾主义者反对他,因为他镇压了革命;正统的王朝论者反对他,因为他是王位篡夺者;天主教徒反对他,因为他和教皇争胜。"①

经过历史的和现实的反复考虑和权衡,墨索里尼得出结论:要抓住权柄,要实行独裁,眼前得做些妥协。他说,在"危机未过去的时期内,我不得不步步当心,步步着实","对我说来很要紧的一件事是要让国内人民放心,知道我做事不是蛮干的,而是很有分寸的"。②

10月30日晚,墨索里尼向国王递交的是一份有各党派人士参加的"联合内阁"名单。他声称,"法西斯党不求绝对的优势","为了全国的和平,也吸收其他各党各派中有志于民族事业的人"参加内阁。在32名正副大臣中,法西斯党15人、国家主义党3人、人民党6人、自由党右派3人、社会党3人,陆军部长狄亚士和海军部长雷维尔名义上是无党派的军人,实际上是狂热的法西斯信徒。其他重要的部,如司法部、财政部,都为法西斯分子所占据。墨索里尼自任首相兼外交、内政大臣。虽为"联合内阁",实权却牢牢控制在法西斯分子手中。

与此同时,为了给人一个"稳定的印象",墨索里尼还下令暂时撤销法西斯的总动员令,并叫法西斯打手们不要"胡来",他装模作样地叫黑衫队护送前首相法克塔回乡,不许伤他"一根毫毛"。他宣称,许多法西斯政敌的头颅是他"给保住"的。为了宣扬法西斯的"仁政",他还一本正经地通电各地大小官员,说"奉国王命,本首相自今日起负执政之责。希望各级官员秉公理政,不许疏忽渎职。本首相当以身作则,起带头作用"。

然而,墨索里尼又是深知"软硬兼施"在统治权术上的分量的。在挥舞了一通胡萝卜后,他又要耍弄大棒了。11 月 16 日,墨索里尼以首相的身份在国会露面。他要求国会议员让他独裁一年,容他一年后再向国会报告平衡预算,报告恢复国内秩序和国外威信的政绩,不然他就解散国会,实行独裁。①他说:

"我可以使这灰暗的会场尸体横地,我可以把国会的大门钉起来,组织一个清一色的法西斯内阁。但是我没有这样做,至少是目前暂时没有这样做。"

"法西斯政纲的细则,各位可以从以后公布的各项报告中去了解。只要我能做到的,我决不愿与国会过不去。但是国会也似乎应该明了自己的地位。所谓地位,就是国会的寿命可以是两天,也可以是 365 个两天。我的内阁要掌握全部大权,因为我的内阁要对国家负完全责任。不掌握全部权力,一个里拉也节省不下来。"②

许多议员听了新首相这通不同寻常的演说以后,颇感不安。有 52 个议员要求发言,申述自己的看法。墨索里尼站起来说:"52 个人提出大会发言,要对我的演说发表意见,这太多了。各

---

①参阅马克勒兰:《近代意大利史》,第 238 页。
②墨索里尼:《我的自传》,第 197、198 页。

位先生,从今以后我们要少讲空话,多做实事。"一些议员惊得目瞪口呆;有的议员敢怒不敢言,只得乖乖顺从;不少议员则被他的花言巧语迷住了。表决结果,275票赞成,90票反对。墨索里尼要求独裁一年的要求被通过了。国会暂时关门。

一年后,即1923年11月,墨索里尼重新召开国会,向议员们报告了他的"巨大政绩",说意大利已走上了"法西斯国家大道"。接着,他进一步要求"全权治理国家",改组国会。结果又顺利地通过。墨索里尼看透了一班议员的本性,他们虽反对他独裁,但只会嘴上空喊几句,行动上不敢有所作为。

1923年,国家主义党并入法西斯党。法西斯党在内阁及国会里的议员人数大增。1924年,法西斯分子占据了三分之二的议席,从而牢牢地控制了过去一再和他唱对台戏的国会。

为了实行彻底的独裁统治,他采取了一系列措施加强集权。规定法西斯党服从国家。他是法西斯党的"领袖",也是国家的"领袖"。他说:"我认为做强大稳固的政府领袖比做一党的领袖更重要。"

在"领袖"之下,墨索里尼设立了一个"法西斯大委员会"。它是行政机构,但它的权力高于立法机构。其成员是清一色的法西斯分子在各行各业的头目,包括法西斯党领导机构的成员、内阁中的法西斯正副大臣、警察和民兵头子、法西斯工会领导人、铁路专员、首相府新闻主任等。墨索里尼规定"法西斯大委员会"不能有一个"杂色分子"。他自任主席。他又规定,"法西斯大委员会""必须做法西斯主义的工具",其任务是"须将法西斯的各项工作变成合法的行动"。在墨索里尼统治下,意大利无所谓政府。政府已被法西斯所吞并。

要实行独裁,墨索里尼很懂得控制武装的重要性。他说:"现实告诉我们……必须拿起武器,而不能手无寸铁;必须完备地组建自己的部队,而不能靠在广场上集合的那帮乌合之众。"[1]因此,他将法西斯黑衫队编入国民自卫军(也称法西斯民兵),借此可以牢牢地控制自卫军,以"实力防万一"。他得意地说:"这在政治上是很聪明的一着。这不仅使法西斯政权增添威力,而且也使它拥有一支后备力量。"在建立法西斯武装的同时,他又用种种借口取缔其他政党的武装力量,解散皇家卫队。他把这些异己的武装力量视为法西斯政权的最大危险。

墨索里尼软硬兼施,脚跟稍许站稳以后,就开始撕去伪装,着手打击异己。因为反法西斯的民主力量始终搅得他坐卧不宁。他对法西斯党棍们说:"我们来把他们踏成脚下的泥。"他杀一儆百,选择社会党议员马特奥蒂来开刀。

贾柯莫·马特奥蒂是社会党议员兼秘书。他富有正义感,对法西斯统治深恶痛绝。1924 年,他匿名发表了《法西斯执政一年记》一书。书中历数法西斯执政十三个月中的暴行,其中典型的是 1923 年 5 月和 12 月。在 5 月份的法西斯罪行录中他写道:

"热那亚——在马腊西—奎济,法西斯分子在公共酒吧间殴打工人,用左轮枪和步枪射击,并纵火焚烧互济会的房屋。"

"莱奥纳萨——法西斯分子命令龙骑兵司令逮捕四个唱过《红旗歌》的工人。"

"阿兹尼亚诺(维琴察)——法西斯分子命令工厂主佩利查里立即开除 12 个庆祝'五一节'的工人。"

---

[1]维乔尼·阿拉尔迪:《黑衫队走进蒙特齐托里奥》,第 274 页,转引自《世界历史》,1985 年第 5 期第 37 页。

"那不勒斯——工会被洗劫一空。"①

马特奥蒂的小册子历数法西斯罪行，在人民群众中引起强烈反响，使法西斯分子坐卧不宁。不但如此，马特奥蒂还在议会中当着墨索里尼的面公开揭露法西斯的阴谋和暴力。1924年5月30日，马特奥蒂在议会讲坛上和法西斯分子舌战2个小时。他开门见山地说："政府多数派虽然名义上获得400万张选票，但我们知道，这是由于可怕的暴行的结果。法西斯领导人已说得很清楚，政府并不认为它自己的命运取决于选举的结果。即使它是少数，它也将继续执政。"

一个法西斯议员打断他的话，尖声叫道："正是这样，我们现在掌权，我们就是要待在这里。"另一个威胁说："给你背后几枪，很快就会教训你懂得尊重我们了！"

马特奥蒂没有被威胁所吓倒，他继续揭露说："为了实现政府的这一计划，存在着一支武装的自卫队……一支既不是为国家服务，也不是为乡土服务，而是为一个党派服务的国民自卫队。"这是指黑衫队的变种——法西斯民兵。

法西斯分子再次在会场上喧嚣起来。有的高呼"国民自卫队万岁！"，有的喊着"把他赶下讲台"，有的叫着"闭嘴，我们会教训你怎样闭嘴的"。

在法西斯把民主踩在脚下的时候，维护议会也是对法西斯专政的一种抗击。马特奥蒂继续揭露说："有一个名叫皮西尼尼的候选人……他由于敢于支持议会，在他自己的家里被人暗杀了。我向他致敬。"

法西斯议员们又疯狂地嚷起来了。一个拉破嗓门说，"你们

---

① 参阅齐世荣：《世界通史资料选辑》（现代部分，第二册），第59、60页。

都应该受到同样的惩罚！"另一个说，"为你们设置的是监狱，不是议会"。

对法西斯疯子、强盗是无理可讲的，马特奥蒂把话锋一转，深沉地告诫人们说："当心，自由可能犯错误，但人民表明了是能摒弃这些错误的，而专制的结果是一个民族的死亡。"

在法西斯议员们大闹议会，肆意侮辱、攻击反对党议员的整个过程中，墨索里尼始终坐在政府席上观战。他满面怒容，双手托着脑袋，一声不响。他看着自己的门徒放肆地践踏议会民主，心中为门徒叫好。他对于马特奥蒂敢于当着他的面揭露法西斯的丑行，恨得咬牙切齿。鉴于首相的身份，他不能和自己的手下议员一起跳出来对这个"法西斯死对头"谩骂攻击一番。但他决不轻易放过敢于在法西斯身上拔毛的政敌。他阴沉地思考着对付的毒计。

马特奥蒂心里也明白，法西斯匪徒是不会轻易放过他的。因此，在对法西斯淋漓尽致地鞭挞过后，他转向自己的朋友说："现在，你们可以着手给我编悼词了。"①

1924 年 6 月 10 日，马特奥蒂在离家去众议院的途中，突然失踪了。一个儿童证明他是被人塞进汽车绑架走的。人们非常清楚，他肯定是被法西斯暗杀了。社会舆论要求查清真相。大部分非法西斯议员为了抗议，掀起了一个"阿凡廷"②运动，退出国会。到处喊着"罪恶自由横行于无自由的国家里！"的口号。一时弄得墨索里尼狼狈不堪。为了洗刷自己，他假惺惺地宣布说，若有人

①参阅齐世荣：《世界通史资料选辑》（现代部分，第二册），第 61~64 页。

②古罗马时，反对派为了抗议政府，不与执政者合作，宣布从开会的地方"阿凡廷"退席，故名。

能寻到这位失踪的议员,任何报酬都在所不计;如若他不幸已遭暗杀,则此暗杀案必须查个水落石出。

在暗中,墨索里尼加紧部署。一不做,二不休。他决心趁此机会把反对党彻底打闷。6月16日,他本人辞去内政大臣的职务,调原殖民大臣费德尔佐尼继任内政大臣,命令他着手"肃清国会"。费德尔佐尼照办,立即命令各地的法西斯行政长官给反对派以严厉的打击。法西斯白色恐怖笼罩着整个意大利。

1924年8月16日,马特奥蒂的尸体在罗马郊区的一个树林里被发现。后来查明凶手是黑衫队队长杜米尼等几个出名的法西斯暴徒。其中有几个是法西斯党的头面人物,如法西斯党的行政秘书马里纳、首相府的新闻部主任恺撒·罗西等。他们背后的直接指挥者则是"进军罗马"时的四巨头之一、警察总监戴·波诺将军(后升元帅)。

审判像演戏似的走过场。最后判决说,马特奥蒂仅仅是轻轻被打了一拳,由于他心脏有病,从而导致死亡。戴·波诺等法西斯主要凶手都宣布无罪开释,而凶手杜米尼、罗西等被宣布犯有"没有预谋的杀人罪",从轻发落,实际只关了2个月又20天。接着把他们护送国外避居。罗西对自己充当替罪羊颇不服气,他披露了几起重大的恐怖活动,其中包括暗杀马特奥蒂的内幕。他说一切暴行"都是领袖直接授意的,或经他同意,或和他合谋进行的"。①

谋杀马特奥蒂案一度弄得墨索里尼十分狼狈。在这件事上,国王和教廷帮了他的大忙。6月17日,国王召见墨索里尼,随后发表讲话为其开脱罪责,说他"不认为墨索里尼直接参与了杀害

---

① 参阅齐世荣:《世界通史资料选辑》(现代部分,第二册),第59、60页。

马特奥蒂的活动"。教皇也亲自出马,表示支持法西斯政府。6月24日,教廷的机关报《罗马观察家报》发表文章,声言"少数派要推翻政府和重新举行选举的企图是不可能实现的"。

国王和教廷的支持使墨索里尼有恃无恐。1924年12月31日,他指使法西斯武装力量头子演出了一幕率领党徒闯进首相府、逼他对异党异派采取断然行动的丑剧。1925年1月3日,墨索里尼俨然以"顺从民意"的姿态在国会发表讲话,声称:自马特奥蒂事件后意大利"所发生的一切事件的政治、道义和历史的责任统统由我一人来负责……如果说法西斯主义仅仅是蓖麻油和大棒,而没有意大利优秀青年的崇高激情,那罪责在于我;如果说法西斯是个犯罪组织,那我就是这个组织的首领"。他扬言在他讲话后的"48个小时内要使全国的局势得以澄清"[①]。在墨索里尼讲话时,会场内的法西斯分子不时地站起来鼓掌、跺脚、狂叫:"我们支持您!我们和您站在一起!"

当晚,内政大臣费德尔佐尼通电全意大利法西斯党组织和地方行政长官,命令他们立即查封政治上反对法西斯主义的社会团体和聚会场所;解散一切"旨在颠覆国家政权"的组织;严密监视"从事反法西斯活动的"社会党员、共产党员;立即"逮捕危险分子";等等。3天后,即1月6日,内政大臣费德尔佐尼向内阁报告说,仅3天内,有25个反法西斯组织、95个政治俱乐部、150个公共团体被解散,111名重要的"危险分子"被逮捕,655户被抄家。社会党、共产党的《正义报》《前进报》《统一报》等反对派报纸被搜查封闭。

---

① 维尼乔·阿拉尔迪:《黑衫队走进蒙特齐托里奥》,第294、295页,转引自《世界历史》1985年第5期第41页。

谋杀马特奥蒂使墨索里尼一伙原形毕露，激起了意大利舆论的强烈反响，也逼使少数人采取暗杀的手段来抗议法西斯的暴行。1926年曾发生3起谋杀墨索里尼案。第一起发生于4月间，一名爱尔兰妇女枪击墨索里尼，子弹擦过他的鼻尖，差一点丧命。9月间，一个名叫卢赛蒂的意大利人向墨索里尼的坐车扔了一颗炸弹。炸弹碰在车角，落在路旁爆炸。墨索里尼第二次死里逃生。第三次发生在10月间，一名年仅15岁的少年，他用手枪伏击墨索里尼，子弹擦过他的外衣，未及身体，他又一次保住性命。

墨索里尼进行疯狂的镇压，无辜逮捕大批政敌。成千上万的人被流放到西西里岛和海外殖民地。共产党领导人葛兰西就是这次被捕入狱，最后被迫害至死的。

墨索里尼1925年1月3日的讲话表明他决心趁此次事件把反对党统统打下去，彻底实行法西斯独裁。他说："消灭党派，国家自兴。"因此，在1925年至1926年间，他颁布了一系列法令，进一步剥夺人民的基本民主权利，加强他的独裁权力。1925年5月，他颁布《反动秘密团体法》，取消了人民集会、结社的权利；6月，颁布《新闻法》，取消了新闻自由；随后又颁布了《政府颁布法规的权力法》，一脚踢开国会，使他完全摆脱了国会的监督，而拥有"颁布法规的权力"了。1926年11月，他干脆颁布一个《特别法》，取消了国会中133名反对派议员资格，取缔一切反对派政党。至此，所谓意大利内阁或政府，只剩下个文雅的称号，其成员无非是墨索里尼的奴才。从国王到大臣、将军，都得俯首听命于"领袖"。他暗杀马特奥蒂的最终目的得逞了。他嘲笑他的对手软弱。他说："可怜这批以政治为职业的人，常识太嫌欠缺了。不想想我只需弹指一挥，就能命令我的黑衫队将他们的妄想与幻想全部破灭。"至此他觉得可以舒了口气。他眉飞色舞地说："我曾说过'一切政权归法西斯'一句话,时逾四年,现在我的话实现了。"他得意地爬上了独裁者权力的顶峰。

10　与国王、教皇妥协

墨索里尼具有冷酷无情与苟且忍让双重性格。他以追求主宰他人命运和追求权欲为满足,以当一个独裁者为荣。然而,为了达到最终目的,他又可以做出必要的妥协。他上台后首先跟国王和教皇妥协了。

当时王权主义在许多意大利人的心目中还是根深蒂固的。墨索里尼深深明白这一点。他认为意大利历史上虽有过几次共和,但那只是"偶然发生的","意大利整个南部,习惯于君主政治不知有几百年了"。他引证克里斯皮的话说:"君主制统一国民,而共和制则分散国民。"①因此,当他接到国王维克多·伊曼纽尔三世命其组阁的电谕后,就急匆匆地赶去觐见国王,并自此做了国王陛下的首相。他容许维克多·伊曼纽尔三世继续坐在王座上。后来他评论此事说:"萨伏依家族两次被人带进罗马。第一次是尾随加里波的,而现在是尾随法西斯主义。"②

墨索里尼容许国王的存在,是想借助君主的灵光为法西斯政权披上一件合法的外衣。1922年10月24日,他在那不勒斯对3万名法西斯分子说:"意大利生活的统一要坚决依靠萨伏依

---

①路德维希:《墨索里尼谈话记》,第132页。
②拉凯莱·墨索里尼:《口述墨索里尼传》,第151页。

王朝。"承认"王权合法地、忠诚地支持了"法西斯政权,说"我们要感谢国王陛下"。他又宣称,"现在意大利只有两种力量存在:一种是国王,一种是我自己"。其实国王是徒有虚名的,随着墨索里尼权势的扩张,国王愈益成了象征性的了。令国王难堪的是,后来在国王的御座旁边竟放着一尊巨大的墨索里尼头像。国王逐渐对政府失去兴趣,后来索性经常住在拉厄康城堡里,对国家大事采取冷眼旁观的态度。

艾米尔·路德维希问墨索里尼:"帝国的称号曾诱惑过你吗?"他回答说:"我对这个问题还不曾有过兴趣。"这恐怕不全是他的真心话。开头,他不敢把王冠拿过来戴在自己头上,这恐怕是真的;但随着自己权势的恶性膨胀,他日益想搬掉国王,自己充当"国家元首"。在国王以国家元首的身份主持礼仪和接待国宾时,墨索里尼常被迫站在一边,这时他心中总是升起一股嫉妒的怒火。他经常这样露骨地抨击君主制:"王朝是过去留下的无用的遗产,是国家所不能再容忍的。""君主国像又粗又壮的大树,外表枝密叶茂,但里面已被蛀空。一阵闪电就能把它突然劈倒,任何人也无力再把它扶植起来。"他又说:"我像一只猫,小心谨慎,但一旦跳了起来,定能落在我想落的地方。我现在正在考虑是否应使君主政体和萨伏依家族统统见鬼去。"①但是,墨索里尼思想很矛盾,他始终不敢跳到他"想落的地方"去。有次,戈林等德国纳粹头目曾怂恿他把国王搬掉,但他未敢轻举妄动。因为他害怕自己一旦戴上王冠就将导致很快的垮台。他总结历史教训说,拿破仑"想戴王冠,他要建立王朝。当他身任第一总督时,他的威风达到了顶点。他的覆灭起自帝国的建立"。②墨索里尼是

①加莱阿佐·齐亚诺:《齐亚诺日记》,第 459、409、138 页。

②路德维希:《墨索里尼谈话记》,第 132 页。

想避免重蹈拿破仑的覆辙，因此始终未敢摘取王冠，只得妥协。

墨索里尼对国王和君主制度采取实用主义态度，对教皇和教会也是一样。他原先曾一度狂热地反对宗教，自称是"无神论者"。他结婚时拒绝按宗教仪式举行婚礼。直到 1920 年时他还宣称，"革命必将扑灭教会"。但他上台后，对宗教的态度马上来了个 180°的大转弯，从"无神论者"变为一个"虔诚"的教徒。1922年 11 月 16 日，他在国会里第一次以首相的身份发表演说，结束语是这样的："祈求上帝帮助我完成我的困难工作。"而当时在国会里发表演说的是没有人提到"上帝"一词的。1925 年他和妻子又补行了宗教婚礼，而此刻他们的大女儿都已 15 岁了。墨索里尼对宗教的一反常态，完全是出于法西斯的政治需要。

意大利是个天主教影响很深的国家。教皇是人们崇拜的偶像。据 1911 年的户口统计，在 3500 万的总人口中，有 3300 万是天主教徒。1921 年统计，仍有 95%以上的人信奉天主教。全国各类神职人员就达十万之众。婴儿一生下来就跟父母入了教。在教徒如此占绝对优势的国家里，要巩固政权不取得教徒的支持简直是难以想象的。《意大利百科全书》曾有此评价："由于教会的存在和教皇对意大利人民的传统影响，各种变革运动历来未能对意大利人民产生重大影响。"墨索里尼明白这一点，意识到法西斯政权要想取得教徒的支持，势必要改变对教廷和教会的态度，因此他决定对"宗教取和谐态度"。他说："意大利国家与宗教之间的关系不是不能解决的。只要大家平心静气地做一番客观的研究，一定能使双方取得谅解，一定能使意大利人民享受一种和谐的、世俗观念与宗教信仰不发生冲突的生活。"他又说："宗教信仰自有它极高的道德价值；可笑而不自然的反宗教观念毫无实际好处，我们应该反对它；若任这种思想蔓延，必使我们的人的道德沦落，又将使意大利的宗教分裂成许多思想派别。"①墨索里尼在高谈阔论宗教的价值观念时，当然不会去想他本人前不久就是一个"可笑而不自然的反宗教主义者"的。

出于想取得梵蒂冈的支持和利用天主教会在意大利的传统势力以巩固法西斯政权的考虑，墨索里尼逐步地与教皇庇护十一世采取和解态度。

庇护十一世是意大利人，曾当过梵蒂冈图书馆副馆长，出任过波兰、米兰的大主教。他是在 1922 年 1 月 22 日前教皇本纳狄克特去世后，于 2 月 6 日被选为教皇的。庇护十一世颇有外交才能，他想通过与墨索里尼的谈判，一劳永逸地划定教皇国的领土范围。在意大利未统一前，教皇国是意大利诸封建公国之一，罗马是教皇的辖区。1870 年，国王维克多·伊曼纽尔二世占领罗马后，宣布教皇辖区并入意大利王国。教皇被剥夺了世俗权力，避入梵蒂冈。1871 年意大利国王颁布有关教皇和教廷的"保护法"，历届教皇都拒绝承认。因此，罗马教廷的辖区范围一直是个悬而未决的问题，而今墨索里尼和庇护十一世都有求于对方，和解也就可能了。

1923 年 1 月 19 日，墨索里尼秘密会见梵蒂冈国务卿加斯帕里红衣主教，表示愿意保护宗教团体和神职人员，愿意谈判罗马问题。自此，庇护十一世也改变了原先所持的强硬态度。同年 10 月，教皇对意大利教徒说："由于人权得到了尊重，因此你们应当自觉地去履行你们不仅只作为公民，而且也是作为忠实地遵守上帝法规的天主教徒应当履行的义务。"1926 年，墨索里尼向教皇提出直接谈判以解决罗马问题。庇护十一世欣然接受。谈

---

① 墨索里尼：《我的自传》，第 156 页。

判是秘密进行的,讨价还价,断断续续,足足谈了两年多。其艰困的程度可想而知了。1929 年 2 月,墨索里尼和加斯帕里红衣主教在罗马拉特兰宫签署了协定。这就是历史上有名的《拉特兰协定》。

《拉特兰协定》由三个部分组成:一为政治条约,二为教约,三为财政协定。根据协定,意大利承认"以罗马天主教为唯一国教",并同意把"公立小学所进行的宗教教育推广到中等学校"。意大利承认"教廷在国际事务中享有的主权",并划定了圣城梵蒂冈的范围。在划定的梵蒂冈城区内,教廷"享有主权和专属管辖权,禁止意大利政府在该城进行任何干涉,并不承认除教廷以外的任何权力得在该城行使权力"。

另一方面,教廷同意任命意大利各教区的大主教、主教都得是意大利人,事先都得经意大利政府同意批准,在就职以前都还得向意大利国王宣誓忠诚于意大利。[①]墨索里尼不许教廷干预他的法西斯政治,不许教廷侵犯他的政府的"权能与职责"。

签了《拉特兰协定》后,墨索里尼去觐见教皇庇护十一世。据说他一见教皇就跪下来吻教皇的手背。事后有人旁敲侧击地问他是否有此事。墨索里尼回答很巧妙,他说:"一般说来我是入乡随俗的。那就是说,我承认我所受款待的国家的风尚。可是在梵蒂冈,我是随我自己的意向的。"他不置可否。总之,通过签订《拉特兰协定》,教皇庇护十一世得到了他所需要的某些东西,墨索里尼也得到了他所需要的东西。因此,双方都比较满意。

---

①参阅马克勒兰:《近代意大利史》,第 262~272 页;齐世荣:《世界通史资料选辑》(现代部分,第二册),第 76~81 页。

11 法西斯"新秩序"

墨索里尼执政后推行"一切政权归法西斯"的政策，不仅使意大利政府彻底法西斯化，做到了如他所说的"像铁一般地熔铸在一起了"，而且他还要将法西斯的"活力"与"新力"灌输到全国生活的血管里去。一切别的党派组织表面上都已被他取缔，而一切非政党性质的民众社团组织，也都得由法西斯党直接去控制。墨索里尼说："在社团制及一切工作的背后，高高站着一个法西斯主义做意大利各级生活的调和者、支配者、先导者。"[①]这就意味着，一切允许存在的民众社团组织，实质上都成了而且必须成为法西斯党推行法西斯化的工具。

在短短的几年中，法西斯党迅速膨胀起来了。当时意大利有4200万人口，1922年10月法西斯党上台时，其党徒是32万人；1923年底猛增到782000多人；到1930年时就达100万。为了控制青年，墨索里尼组织了一个由18岁以下青少年参加的，称之为"巴比拉国民青年团"的"纯粹"法西斯性质的青少年组织。巴比拉是传说中的一个意大利英雄。墨索里尼用这个发光的名字来诱骗青年，"使他们习惯于服从"，并从中选拔中法西斯毒较深的青年组成法西斯"青年先锋队"。墨索里尼称他们为"法西斯

---

①墨索里尼：《我的自传》，第303、278页。

国家之无价青年"。后来发展法西斯党员也多半从"先锋队"中去物色。在全意大利 400 万青少年学生中有 200 万被吸收加入"巴比拉国民青年团"或法西斯"先锋队"。他们当中绝大部分年幼无知，是无辜的，后来许多人成了法西斯的牺牲品。在妇女中，也有类似的组织，人数约有 50 万。①

墨索里尼最害怕的无疑是工农大众。为了平息他们的反抗，他拼命地去控制工会，宣布取消原来由社会党、共产党领导的一切工会组织，代之以法西斯严密控制的联合总会。所谓的联合总会是包括劳资双方的。全国共有 9 个联合总会，4 个属于雇主，4 个分别为工业、商业、银行和农业的职工，另一个为自由职业者。在联合总会之外，又设置了 22 个职业公团，职业公团则是代表劳资双方的。

为了控制劳动大众的思想，墨索里尼竭力向他们灌输两个思想。其一是所谓的法西斯主义的"国家至上"思想。他把法西斯国家说成是超阶级的，是代表全民族的。他反复地鼓吹"国家之外无他物，任何东西都不能触犯国家"。他说："政府的权力在人类各种合法利益的冲突之上。""政府是在任何个人之上。"因此他要求工农"服从政府"，"服从纪律"，也就是服从他的独裁统治。他欺骗说："我施行的国民纪律……只有一个目的：意大利全国人民的荣誉与福利。"其二，墨索里尼竭力鼓吹阶级调和。他说："我们要做一个前进的国家，须脱去阶级斗争的习惯，仇与恨也应该除掉。"他害怕意大利工农大众走十月社会主义革命的道路，甚至下令取消"五一"国际劳动节的纪念活动。他别出心裁地说，"五一节是舶来品"。他要拣一个"国产的愉快节日"来代替

---

① 参阅马克勒兰：《近代意大利史》，第 249、250 页。

"五一节"。他选定 4 月 20 日为意大利"劳动节"。这一天是罗马城的纪念日,他要意大利人民时时不忘"罗马的光荣历史"。

1927 年 4 月 21 日,墨索里尼又颁布了一个《法西斯劳动宪章》,从法律上确认了企业主的地位,把工会直接置于法西斯国家控制之下。实际是剥夺了工人组织工会的权利。

《法西斯劳动宪章》忠实地体现了墨索里尼的法西斯主义的"国家至上"和"阶级调和"思想。宪章第一条规定:"意大利民族是一个有目标、有生命、有行为手段的机体,这些目标、生命、手段凌驾于组成意大利民族的个人的目标、生命和手段之上。它是一个道德的、政治的和经济的单位,完整地体现在法西斯国家中。"就是说,法西斯国家是超阶级的,任何个人的目标、生命、手段都得从属于法西斯国家。

宪章第二条规定:"各种形式的劳动——智力的、技术的或体力的——都是一种社会义务。基于这些理由,也仅仅基于这些理由,劳动被置于国家监督之下。"劳动者只有接受法西斯国家监督之下的劳动义务,而没有任何权利。

《法西斯劳动宪章》对资本家的财产权以及他们迫害工人的"权利"却规定得十分具体、明确。宪章第七条规定:"在生产领域中,从民族利益考虑,私人企业是最有效和最有用的工具……雇主负责企业的领导工作。"第十九条规定:"工人破坏纪律或其他行为扰乱了企业的正常工作时,应按情节轻重处以罚金或停止工作,在某些严重情况下,应予解雇,不予补偿。"①

墨索里尼把这个劳动宪章视为法西斯国家宪法的一个重要组成部分。他说,这是"历史性"的文件,它宣布了"又一个老制度

---

①齐世荣:《世界通史资料选辑》(现代部分,第二册),第 71、72 页。

的寿终正寝",并说明"法西斯不保护任何一个阶级,法西斯是维护全意大利人民相互关系的"。其实,《法西斯劳动宪章》内容本身清楚地表明它是具有鲜明阶级性的,而绝不是超阶级的。所以,他也不得不承认,一些热爱原先的工会组织的老工人看了《法西斯劳动宪章》后,"都表示惊奇和纳闷"。①

在强行把青年、儿童、妇女、工人、农民、商人纳入法西斯的生活轨道的同时,墨索里尼又提出"改良学制"。为了控制学生和教师,他特别强调在学校教育中要实施"纪律"。他说:"我们须在教育界中施行一种新纪律,一种人人要服从,教师尤须服从的新纪律。""法西斯的第一要义是纪律",公然提出要把法西斯主义"灌输到纯粹的学术知识界里去"。②他把原先的教育观念称之为"功利主义",要"全部推翻",代之以法西斯的"新观念"。他提出在大学里要"增设法西斯经济课、社团法课以及阐明法西斯文化的各项课目"。他要通过"改革"教育,"改革"文化,"创造出法西斯新文化"。为此,他还到处游说,到大学去演讲,宣传其主张。

墨索里尼也懂得,要保住法西斯政权,还得要控制住经济命脉。但是墨索里尼和希特勒一样不懂经济。在他们手里,经济问题都纯粹变成政治问题了。

墨索里尼组阁时,接过来的确是一个千疮百孔的烂摊子。为了解决经济问题,他自觉或不自觉地应用凯恩斯主义,更多的是动用法西斯的国家权力。他说:"我们称之为国家干预,那都在劳动宪章上特别规定了的。如有什么事业不能适宜地进行,则国家便干预之。""资本不是神圣的,只不过是达到目的的

---

①墨索里尼:《我的自传》,第280页。
②墨索里尼:《我的自传》,第284、289页。

一种手段而已。"[①]

他利用增加税收和发行公债的手段来增加财政收入。他扬言对"赖税的人要查明追究"。税赋的增加占全国总收入的百分之三十。这实在是一个骇人的比例。在镇压、禁止工人罢工,解雇大批工人的同时,他又采取各种措施鼓励企业主扩大生产。他废除了家族遗产继承税,说"妨碍人民的继承权是破坏良好的家族制度,我是反对的"。他又扩大军火生产,并禁止调查军火的利润。他还把矿山、铁路直接控制在国家手里。由于墨索里尼实行"国家干预"政策,使战后陷于瘫痪的意大利经济在法西斯执政的头几年中得到了恢复和一定的发展。

与此同时,墨索里尼又推行一系列有利于垄断资本的政策和措施。如 1922 年 11 月宣布废除股票记名的法律;1923 年 2 月,把国家的电话公司交给私人资本;同年 4 月取消国家对人身保险业的垄断,并宣布废除"累进税法"。仅后一项就可使垄断资本每年增加 2 亿多里拉的利润,如此等等。

然而,不基于经济自身的发展,单靠国家权力强行推动,犹如给垂危的病体注射强心剂一样,能见效于一时。决不能持续地繁荣下去。在 1929 年世界经济危机浪潮的袭击下,意大利政府的财源又到了山穷水尽的地步。入超惊人,赤字与年俱增。1933 年到 1934 年,赤字竟达预算的四分之一。倒闭的企业达 55000 多家,失业工人达 100 万之众。墨索里尼曾发誓要用"他最后一滴血"来维持里拉的金本位,至此也只得放弃了。

经济的危机导致了法西斯统治的进一步动摇。国内政治、经济形势迫使墨索里尼加快把目光移向国外,妄想通过侵略战争

---

①路德维希:《墨索里尼谈话记》,第 152 页。

来解除国内的困境。这是独裁者的惯用伎俩。有人说，墨索里尼不应作战的原因正是他要作战的原因。"这不是他能否作战的问题，而是他能否不战的问题"。①此话不无道理。

---

①约翰·根室：《欧洲内幕》，第286页。

12 家庭生活

拉凯莱性格泼辣,敢作敢为,在家里墨索里尼多少也得让她几分。但从根本上说来,拉凯莱只不过是个家庭妇女,对政治活动兴趣不大,即便墨索里尼当了意大利法西斯"领袖"以后,她也很少过问政事。一方面因为拉凯莱原是个纯朴善良的劳动妇女,识字不多,她所渴望的只是平静的家庭生活;另一方面墨索里尼在政治上歧视妇女,根本不让妇女,即便是妻子出现在政治舞台上。他认为妇女的天地是在厨房里。1926 年,拉凯莱带着孩子移居罗马,这时墨索里尼占据托隆尼亚亲王的一所别墅来安置自己的家室。生活相当阔绰,但拉凯莱在托隆尼亚别墅里仍然种菜养鸡。

墨索里尼个人收入是随着权势的扩大而直线上升的。在罗马,他给拉凯莱的家庭开支每月约是 15000 里拉,不够用还可以再向他要;在米兰时,他给家里的开销是每月 6000 里拉,生活也是很宽裕的。在弗利时,他担任社会党弗利省党部书记兼党报编辑,月收入仅 120 里拉。交掉 20 里拉的党费,50 里拉的房租,留给家里日常开销的只有 50 里拉了。当时经济相当拮据,有时不得不向银行或朋友借贷。伙食常以面包、蔬菜、菜汤为主,只到了星期天才做点羊肉汤,改善一下生活。

据拉凯莱说,墨索里尼的可观收入主要来自他所写的书和文章的稿酬和版税，其中包括当时翻译成中文的书籍版税，而美国报刊所付的稿酬特别丰厚，他的《我的自传》在美国出版，稿酬就是25000美元。

墨索里尼一头钻在他的政治里，闲在家里的时间不多。他曾对人说："当我留恋家庭时，我就变成墨索里尼先生了，而不再是别的什么了。作为领袖，作为政府首脑，应该待在威尼齐亚宫。"对他私生活，他不许别人过问。有人问他，为什么不在托隆尼亚别墅宴请客人。他回答说："人人都认为我是一天24小时的领袖。如果我也相信这一点，我势必会发疯。我得有起码的休息，我得有安静的时刻以保持清醒的头脑和保持我的个性。我不是机器人，我没有嫁给意大利。我曾问希特勒，他为什么不娶一个漂亮的小姐为妻时，他可以说他和德国结了婚。而我是一个要求尊重他的私生活的正常的男子汉。英国人不愿意陌生人去他的卧室，这大体上是对的。因为这纯粹是他们的私生活。英国人是对的，我像他们。"①

墨索里尼生活颇有规律。他一天三餐通常都是在家里吃的。用餐时狼吞虎咽，几分钟就匆匆吃完了。他这种生活方式，在弗利和拉凯莱同居后就养成了。当时他去办公室的途中，还总要在一个报亭前站20分钟，快速浏览全部报纸。他从不付半分钱，报贩也被他这种天天的"站功"感到惊奇不已。

晚上，墨索里尼和他的社会党同伙常常在一个地方聚会。他总是在人前高谈阔论，发表煽动性讲话。他不但和法律作对，也和共和主义者，甚至还和社会党的同盟者作对。他扬言要废除君主政体，废除教会，推翻现政权。警察监视他们，常常挥舞警棍驱

①拉凯莱·墨索里尼：《口述墨索里尼传》，第92页。

散他们。墨索里尼的衣服常被撕破，身上也常是青一块紫一块的。回家后他还对妻子说："拉凯莱，多有意思的搏斗啊！"[1]

拉凯莱天天为自己的丈夫担惊受怕。一到晚上，她总是竖起耳朵细听门外的脚步声和说话声。她担心总有一天丈夫会淌着血回来，甚至会永远看不到他活着回来。

有一天，已是深夜，拉凯莱仍未见墨索里尼回来。她忧心如焚，脑子里闪过一个念头，丈夫可能已被投入监狱，或者已躺在陈尸所了。忽然窗外传来了两个陌生人的声音，他们是墨索里尼的信徒，是护送他回家的。"别害怕，没有事，"其中一人说，"昨晚他喝得多了点，他不知道他所喝的咖啡里掺有白兰地酒。"

墨索里尼进房以后，先是用一种奇妙而茫然的神情凝视妻子，接着是歇斯底里大发作，"乒乒！乒乒！"地他把家中仅有的几件值钱的玻璃器皿和瓷器都弄摔了。拉凯莱请来邻居帮着把他强按在床上，并好言相劝，慢慢总算使他平静下来了。

第二天墨索里尼醒来后，拉凯莱指着碎片大声嚷道："你瞧瞧，你把东西都砸了。这些都是有用的东西呀！"墨索里尼眼睛直盯着碎片不动。拉凯莱继续嚷道："你得吸取教训。我原本一直不同意嫁给一个酒鬼。我小时家里有个喝酒的姑妈，已是够麻烦的了。我承认你有你的优点——我随时可以不必担心其他的女人——但如果你下次再这副模样回家，我就杀了你。"墨索里尼听妻子嚷完，没吭一声。然后他拉着妻子来到一岁的女儿小床旁。"我对着女儿的面发誓，以后我决不再那样干了。"墨索里尼这样说。从此他真的戒酒了。不过拉凯莱说她"可以不必担心其他的女人"的事，却是想错了。

---

①拉凯莱·墨索里尼：《口述墨索里尼传》，第24页。

墨索里尼的大女儿爱达是他结婚后的当年9月1日出生的。他最喜欢这个女儿。爱达夜里醒来啼哭，不论什么时候他都会爬起来拉小提琴，直到女儿听着听着又睡着为止。墨索里尼具有这种做父亲的感情，连他的父亲亚历山德罗都难以理解。但日后随着他独裁者越来越大的权势，他这种做父亲的感情也愈来愈淡薄了。

墨索里尼共有5个孩子，一头一尾是女儿，中间3个是儿子。老二叫维多利奥，老三叫布鲁诺，老四叫罗马纳，最后一个女儿叫安娜·玛丽亚。5个孩子中，除了老三布鲁诺出生在4月22日以外，其他4个都是9月间出生的。几个小孩都向他们的母亲问同一个调皮的问题："妈妈，我们是真正的天使吗？"做母亲的只能笑笑了。

墨索里尼虽然十分喜欢大女儿爱达（也许是第一个孩子的关系），但从理智上讲，他更喜欢男孩。他和希特勒一样，认为妇女只是传宗接代的工具，而男子代表强者，代表力量。他的妻子生下儿子维多利奥后，墨索里尼对妻子说："我不愿他是最后一个儿子。"拉凯莱快要生布鲁诺时墨索里尼恰好出差去日内瓦。临走前他对妻子说："希望你不要趁我不在时生我们的儿子。"他心目中想的是男孩。当他回到米兰时，他手下的人告诉他"是个男孩"。他高兴得跳了起来。回家后直奔楼上，得意忘形地说："我叫你等我回来生，你为啥不等？"

拉凯莱生第三个儿子时，她已是"领袖夫人"。这时产科医生、助产士、保姆像伺奉皇后娘娘似的照料着她。拉凯莱本人做过女仆，对这种过分的"皇室"照料尚不习惯，后来她说："产妇分娩时，她的社会地位并不能减轻她的痛苦，一个农妇和一位皇后的感觉是一样的。"

墨索里尼盼子心切，第三个儿子尚未生下，他就通知报纸说，他的妻子又生了个儿子，取名罗马纳，以纪念"进军罗马"。回到家中得知妻子尚未分娩。他很沮丧，问妻子："我该怎么办？"

"你去睡觉。有事我会派人告诉你的。"拉凯莱回答说。

半夜里，女仆敲开墨索里尼卧室的房门，说："领袖，生下了，是个男孩。"墨索里尼听了后从床上跳了起来，直奔妻子的产房，匆忙中把衬衫都穿反了。

"这是不可思议的事情，拉凯莱，真正是不可思议。你使我非常高兴。"他大声地嚷着。[1]他之所以如此的高兴，因为妻子又为他生了个儿子，并印证了他的预言。大凡独裁者都是希望自己能预卜先知和洞察一切的。

在社会上墨索里尼是很孤独的，他本人也意识到这一点。他对德国著名记者路德维希这样说："从根本上说，无论什么时候我都是孤独的"，"今日[2]，我虽不是在狱中，但却是比一个囚徒更感到孤独。""我没有朋友。我不会有朋友。第一是因为我的气质；其次是我对人类的看法。""我们是坚强的，因为我们没有朋友。"

"如此孤独不感到痛苦吗？"路德维希问他。

"我始终不以孤独为苦，"墨索里尼这样回答，"我不让人们接触我的心。与其说我为他们所动，毋宁说我为这张桌子以及放在上面的这些纸张所神往。在他们之中，我完全保持孤独。"[3]独裁者冷酷心肠令人不寒而栗。大概为了不使自己的精神失去平衡，墨索里尼在家里自己的儿孙面前却是另一副面孔。在儿孙面前，

①拉凯莱·墨索里尼：《口述墨索里尼传》，第26、27页。
②指他当了意大利法西斯领袖和政府首脑后。
③路德维希：《墨索里尼谈话记》，第222、223页。

他显得富有人性,有时几乎有几分天真。

有次他女儿爱达和女婿加莱阿佐·齐亚诺①来他家吃饭。饭菜摆好后发现爱达的两个孩子和墨索里尼不见了。女仆听到客厅的门缝里传来声音,推开门一看,不禁大吃一惊。原来"领袖"趴在地上,外孙却骑在他的身上。

墨索里尼的头背后近颈部长着一颗肉瘤。他的私人医生劝他动手术把它切除掉,说"只要几分钟就可拿掉,长在那里不太好看"。

"好看不好看,我无所谓,"墨索里尼回答说,"这颗肉瘤对我的孩子们和小外孙们是极大的乐事。如果让它留在那里,我的小外孙们也高兴。"

原来他的小外孙们喜欢骑在外公墨索里尼的背上,一手按住他的头,另一只手用食指往他颈上的那颗肉瘤上一揿,"滴铃铃!滴铃铃!"一叫,他就爬着往前跑,孩子们尖声地大叫大笑。在孩子们的叫声和笑声中,墨索里尼也得到了快乐。②一踏出家门,他就换成了另一副面孔、另一种架势,不许任何人来接触他的灵魂。

---

①加莱阿佐·齐亚诺后来当了墨索里尼的外交部长。
②拉凯莱·墨索里尼:《口述墨索里尼传》,第28、29页。

13 墨索里尼和女人

墨索里尼政治上是十分歧视妇女的。他曾毫不掩饰地对人说："妇女必须被奴役。""我是女权论的第一个反对者。……假如我提议在意大利给予女子以选举权，则他们要嘲笑我。论到政治生活，妇女是不能计算在内的。""女人的社会地位是在家里。"①

但是，在私生活中，墨索里尼则是个十足的好色之徒。直到临死逃命时，他仍带着情妇克拉拉，最后克拉拉当了他的殉葬品。关于墨索里尼这方面的品性，他的妻子拉凯莱·墨索里尼是知情的。她说："我比任何人都了解我的丈夫。""有一个时期，我丈夫和女人私通的桃色新闻成了各国报刊的热门题材。实事求是说，作为一个情夫，我敢说任何一个有迷惑力的意大利男性都比不上墨索里尼。我不愿恶意中伤，把他的功绩统统贬为微不足道。但是有一个简单的想法是，我应该把事情真相统统讲出来。"②

墨索里尼通常是睡在家里的。他每天早晨 8 点离家，下午 1 点回家一次，下午 4 点再出去，晚上 8 点回家。每次离开威尼齐亚宫办公室，总有电话通知托隆尼亚别墅他家里，告诉他妻子说

---

①路德维希:《墨索里尼谈话录》,第 169 页;拉凯莱·墨索里尼:《口述墨索里尼传》,第 73 页。

②拉凯莱·墨索里尼:《口述墨索里尼传》,第 70 页。

"领袖"已在回家途中。如果他往别处去,也总是会把确切的去向告诉他妻子的。

然而,墨索里尼却有他寻欢作乐的地方。据说他的办公室里有一间小房间,虽没有床,但有一只供休息用的长沙发,他经常就把情妇带到这里。人们常常看到有女人红着脸,蓬着头发、满面春风地离开墨索里尼的办公室。

墨索里尼承认"他喜欢女人",并自年轻时就学会了寻花问柳的本事。他妻子说:"我认为,女人被他所吸引,首先是通过本尼托瞧她们时的那副眼睛。我在孩提时就是被他那双眼睛所征服的。"不过,墨索里尼当了独裁者以后,他征服女人还利用他手中的权势。

墨索里尼有时同时和几个女人鬼混。他在追求拉凯莱时献殷勤说:"自追求你后,我就不再看别的漂亮女人了。美貌并不可靠,它会使你失去理智。"其实,就在讲这话的同时,他又勾引上了别的女人。

他和拉凯莱正式同居并生了女儿爱达后不久,有一次他去热那亚向朋友借钱。突然有一个奇怪的女人来到米兰墨索里尼家里。拉凯莱回忆当时的情景说:"她并不漂亮,尽管打扮得花花绿绿,但看上去比我老。她稀奇古怪地报了自己的名字,又厚着脸皮详细盘问我们的私生活。她甚至问爱达:爸爸是否爱妈妈。这个不速之客的来访弄得我情绪烦恼透了。"墨索里尼从热那亚回来后,拉凯莱就当面责问他。

"这是奥地利女人依达·迪尔莎,"他回答说,"她是一个危险分子。她是一个狂热的女人。"他坦白地承认了他和这个女人之间的关系。原来他在特兰托时就认识这个女人了。也就是说,还在墨索里尼求拉凯莱时,他们就勾搭上了。后来依达·迪尔莎又追到米兰,进出墨索里尼的办公室。当时,墨索里尼的同事都知道他们的关系,只是拉凯莱被蒙在鼓里。

1915年11月,依达·迪尔莎生了个儿子。墨索里尼马上承认是他的孩子,并取名本尼托·阿尔皮诺。拉凯莱想事情到此就为止了。想不到就在依达生小孩的第二个月,警察局来传唤拉凯莱,说是有证据证明,要搬走她家的家具作赔偿,拉凯莱被弄糊涂了。她被带到警察局后,警长问她:"你是墨索里尼太太吗?"

"是的,我是。"拉凯莱回答说。

"好了,你是有罪的女人。"

拉凯莱一怔,随后反问警长说:"说我有罪,那么请问我究竟犯了什么罪?"警长用嘲弄的腔调"提醒"她说,她放火烧了米兰一家旅馆的房间。

拉凯莱竭力抗议,说她根本没有去过那家旅馆,她如何能烧旅馆?她又为什么要去烧旅馆?警长被问得哑口无言,只得重新核对姓名、年龄、出生地点以及双亲的名字等等。最后警长承认他们要找的是另一个墨索里尼太太。根据警方提供的情况,拉凯莱肯定这个神秘女人就是伊达·迪尔莎。当时,墨索里尼正在前线和奥地利人打仗。不久,他得了伤寒病,住进了临近前线的一家医院。拉凯莱前去看他,把自己的遭遇对他讲了。

"伊达·迪尔莎说她是墨索里尼太太,要澄清这一点,得把她撇开,"墨索里尼说,"只有一个办法,我们得正式结婚。"

"我将考虑这个问题,"拉凯莱漫不经心地回答说,"不过,我得警告你,在最后一秒钟我也会说'不'字。""令人敬畏的事你会干的。"墨索里尼叹口气说。

拉凯莱迫于依达·迪尔莎的压力,最后还是同意马上举行婚礼。1915年12月16日,也就是在他们同居了6年之后,在医院里举行了世俗婚礼。从此她成了墨索里尼的妻子,称拉凯莱·墨索里尼。

1917 年 2 月 23 日,墨索里尼在前线因炸弹爆炸受伤,先是住在前线医院,后转移到米兰军医院治疗。一天,拉凯莱在去医院看他的路上,看见一个黑头发、看上去叫人厌恶的女人也往医院走去。一到医院,发现这个女人也是去看墨索里尼的。拉凯莱已认不出她就是伊达·迪尔莎。一到病房,伊达·迪尔莎就谩骂、侮辱拉凯莱,又哭又闹,说"我是墨索里尼的妻子。我是唯一有权和他待在一起的人"。

同病房的人看到这一情景都笑了。拉凯莱也给伊达惹火了。她本来就十分泼辣,这时就手脚并用,一阵拳打脚踢,并用双手卡住她的脖子。

墨索里尼看到自己的两个女人在病房里大打出手,急了。他全身捆着绷带,移动困难。为了劝开她们,他从床上滚到了地下。这时医务人员出来干预,好不容易才把她们拉开。伊达夺门逃走,拉凯莱却大哭起来。

不久,伊达·迪尔茨向法院起诉。法院判墨索里尼每月向伊达支付私生子抚养费 200 里拉,到儿子 21 岁时止,共付 10 万里拉。伊达·迪尔莎的结局是很悲惨的。1937 年 12 月,她死在威尼斯一家精神病医院里。她的儿子学习无线电,也于 1942 年 7 月 25 日死去。①

拉凯莱说,墨索里尼的三个姘妇伤了她的心。伊达·迪尔莎是第一个。第二个是玛尔爱莉塔·莎芬蒂。

----

①有关伊达·迪尔莎与墨索里尼的关系,参阅拉凯莱·墨索里尼:《口述墨索里尼传》,第 72~75 页。

　　玛尔爱莉塔·莎芬蒂是一名女记者。她在墨索里尼主编的《前进报》和《意大利民报》社工作,为两报的文学与艺术专栏采访撰稿。他们大约1918年就一起鬼混了。墨索里尼爬上权力宝座后移居罗马,而1922年至1926年间,拉凯莱及其孩子们仍住在米兰。这期间,玛尔爱莉塔·莎芬蒂钻了空档,一直在罗马与墨索里尼保持不正当的关系。1926年,拉凯莱带着孩子们去罗马度圣诞节。墨索里尼向妻子发誓说,他已和女记者一刀两断,给了她一笔解雇费从报社解雇了。

　　1931年的一天,拉凯莱去麦伦诺走亲戚。她偶然发现《意大利民报》的一篇文章下面署有玛尔爱莉塔·莎芬蒂的名字。她顿时怒火大发,马上发了一份连邮政局长都不敢接收的电报。她对邮政局长说:"如果你想了解底细,那么我告诉你我叫拉凯莱·墨索里尼,收电报的那位先生就是我的丈夫。"

　　当天晚上,墨索里尼给妻子打去一次电话。"事情究竟怎么啦?"他急促地问,语调半是生气,半是担忧。"我根本不知道你所说的有关玛尔爱莉塔·莎芬蒂文章的事。我所知道的是,我和她已根本没有什么关系了。我不愿听到再有人提起她。"

　　拉凯莱"决心趁热打铁"。她在电话里回答说:"好吧。但我得再次把话讲清楚,你可以把我的电报交给阿纳尔多。如果我在报上再见到莎芬蒂的名字,那我就去米兰把《意大利民报》社炸掉。你应该知道,本尼托,我是有能力这么干的。"拉凯莱的威胁起了作用。玛尔爱莉塔·莎芬蒂的名字从此就从《意大利民报》上消失了。后来,莎芬蒂把墨索里尼历年来写给她的信卖了7000万里拉。

　　墨索里尼的风流韵事,有时越出了私人生活的范围,真正成了"社会丑闻"。有个叫玛格达·芬坦奇斯的女人,自称也是墨索里尼的情妇。当时她在国外，墨索里尼通过驻法大使叫她不要回意大利。玛格达·芬坦奇斯妒火中烧，当场拔出手枪把大使击伤。这事弄得墨索里尼狼狈不堪。

拉凯莱所说的第三个伤了她心的女人叫克拉拉·佩塔奇。她是墨索里尼 1932 认识的。克拉拉出身于名医家庭，受过良好的教育。

克拉拉崇拜墨索里尼，正如爱娃·布劳恩迷信希特勒一样。而墨索里尼对克拉拉则是出于对异性的爱，是玩弄，也有为了平衡自己的孤独的心理的因素。一个时期，墨索里尼不顾社会舆论，与克拉拉打得火热，到了难分难解的地步。当时，他们两人的关系几乎成了人人皆知的"社会新闻"。

在所有与之鬼混的女人中，墨索里尼最费心思，而也真有点牵动感情的，恐怕还是克拉拉。就爱情故事本身而言，可以说很少有其他的爱情故事能比克拉拉·佩塔奇与墨索里尼之间的爱情故事更令人感兴趣了。

克拉拉·佩塔奇，原名克拉雷塔，克拉拉是爱称。她出身名门望族，祖父和父亲都是教皇的御医，她的母亲也是富有人家的女儿，和教皇还有远亲关系。克拉拉中等身材，身体的各个部位都长得匀称。墨索里尼的身材是一个标准的罗马男子汉，他对女人的线条美是比较内行的，克拉拉的风姿美态确实使他着过迷。克拉拉性格多变，感情奔放，极易激动，有几分天真烂漫，也有几分浪漫色彩。在法西斯主义鼓吹迷信和崇拜"超人"、"伟人"的宣传、教育下，具有克拉拉这种心理、生理素质的人最终成了迷信和崇拜"超人"的牺牲品。她自小就狂热地崇拜意大利法西斯领袖墨索里尼。

1922 年，10 岁的克拉拉和大人一起参加罗马奎里那宫广场群众集会,当她看见墨索里尼出现在王宫阳台上时,她和大人们一样狂呼,并给"领袖"送去一个飞吻。她还在自己的枕头底下放着一张墨索里尼的照片,不时地拿出照片吻了又吻。

墨索里尼在意大利建立法西斯独裁统治激起少数人用暗杀手段来抗议他的暴行。1926年4月7日,一名爱尔兰妇女用手枪射击墨索里尼,子弹擦过他的鼻尖,差一点丧命。十四岁的克拉拉得悉后,给她所崇拜的墨索里尼写去一封很长的慰问信,其中说:"领袖,我伟大的领袖,您是我们的生命、我们的希望、我们的光荣,如今竟有人想如此残酷地扼杀我们美丽的意大利的灿烂的命运。啊,领袖!当时我要是在场该有多好!我要是能杀死那个女人、那个想伤害您这样非凡的人的刽子手就好了!……领袖,我怀着忧郁的心情再次要向您倾诉的是,我热切希望的是,能把头依偎在您的胸膛,倾听您那颗伟大心脏的强有力的跳动。"她最后写道:"最敬爱的领袖,您的黑衫党人都重新宣誓毕生效忠于您,而我,一个小小的勇敢的法西斯主义者,理解您全部的心,我那年轻的心为您跳动,我以那句我最喜欢的格言向您宣誓:领袖,我的生命属于您!领袖不死!领袖万岁!"她还把歌颂"领袖"的诗寄给墨索里尼。一个14岁的少女竟如此狂热地盲目崇拜法西斯领袖墨索里尼,今天看来几乎不可思议,但它确是历史真实,是法西斯独裁统治和法西斯垄断舆论不择手段地大肆宣扬墨索里尼的必然结果。这类狂热的盲目崇拜者,在当时的意大利有千千万万;这类狂热的歌颂信件,当时几乎天天都有成千上万封。克拉拉就是从盲目崇拜墨索里尼开始而投入独裁者的怀包的。他们的相见却属偶然。

1932年4月24日,20岁的克拉拉和她的母亲、妹妹和未婚夫乘坐一辆豪华轿车从罗马去奥斯蒂亚海滨浴场旅游。克拉拉的未婚夫是个空军少尉。当他们的汽车行驶在公路上时,突然后面响起一阵汽车喇叭的鸣叫声,一瞬间一辆红色的高级轿车快速超车而过。"领袖,是领袖!"克拉拉惊叫了起来,"快追!快追!"她吩咐司机追上墨索里尼的坐车。追赶一阵后眼看要追不上了,这时墨索里尼突然示意司机放慢速度,让后面的车子赶上来。克拉拉见到了独裁者,发疯似的向他挥手致意;墨索里尼也向她点头微笑,然后命令司机加速前进。阴差阳错,就是公路上的这次戏剧性的一瞥,把这位20岁姑娘的命运和独裁者紧紧连在一起了。

当克拉拉的汽车驶抵海滨时,她几乎是第一眼就看见墨索里尼站在前面一所别墅的栏杆边远眺大海。"我去找他,我向他自我介绍,我要认识他,我要跟他说话。"她边说边拉着未婚夫朝墨索里尼奔去。墨索里尼的保镖们拉住了他们,而墨索里尼示意让他们过去。

"领袖,请原谅,多么高兴能见到您,我太冒昧了,实在打扰。我叫克拉雷诺·佩塔奇,他是我的未婚夫。"克拉拉说话时虽尽量压低声音但她的声音显然因过于激动而微微颤动,两手也在发抖。墨索里尼平淡地问一些她的家庭情况,克拉拉结结巴巴地回答一些话后,突然又鼓起勇气高声说:"领袖,我不久前曾寄给您一些诗,是绿色的封面,用三色带系着的。我是寄到威尼斯宫的,也许您根本没有收到过。"墨索里尼看到她这种天真幼稚的样子非常喜欢,因此含糊地回答说:"诗歌?我好像想起来了。我应该收到的。"他们仓促地谈了几句话,最后克拉拉喊了"领袖万岁"与他告辞。墨索里尼堆着微笑看她离去。

从奥斯蒂亚海滨回罗马后没几天,一天下午,克拉拉突然接到一个电话,来电者自称"我是奥斯蒂亚海滨的那位先生"。"我的上帝,真是他",克拉拉拿着听筒,惶恐得几乎不知所措。墨索里尼在电话里告诉她:"我给您打电话,是为了告诉您,我找到了您的诗,现在诗就放在我桌上。如果您乐意,我请您、您的母亲和您的未婚夫今晚 7 点到我这里来,我等着你们。"

克拉拉一家高兴得几乎不相信是真的,这种无上的"荣誉",他们连做梦都没有想过。当晚,克拉拉在母亲陪同下驱车来到威尼斯宫。她的母亲留在门口,她单独一人被引进墨索里尼那大得可怕的办公室。

"您曾等着我的电话吗?"独裁者问。

"我不曾敢这样期望,领袖。"

"我找到了您写的诗,他们还没有拿来给我。我们哪天抽空一起来读您的诗……"其实墨索里尼压根儿没找过她的诗。

东拉西扯地谈了一阵后,墨索里尼那双灯泡似的眼睛突然盯着克拉拉,柔声柔气地说:"您知道吗?我对您有一种奇异的感觉。我因为想您,觉都睡不着。"接着,他改用权威的口气说:"现在时间不早了,您该走了。等我们一起读您的诗时,我再叫您来……您还想见我吗?"克拉拉几乎不相信自己的耳朵,她说不出半句话来,只是不断地点头同意。克拉拉回到家里,躺在床上幸福地回味墨索里尼每句话,她觉得自己简直是在做梦似的。

过了三个多星期,墨索里尼又把克拉拉叫去,这次待的时间更长,谈话的情调几乎是罗曼蒂克的。"您曾盼着我的第二次电话吗?"独裁者劈头就这样问。克拉拉点点头。"真是这样?我可以用'你'称呼吗?您很年轻,用'您'不合适。"接着,不待她回答,他就拉着她走向窗口,"你感觉到了春天了吗?罗马的春意正浓,但这时我有什么意义呢?我一个人生活,没有一个朋友。我生活很孤独,你是无法理解这一点的。"独裁者这番关于孤独的话,大概是真的。前面已经提到,他曾对德国著名记者路德维希说过类似的话。大概也正是鉴于这个原因,为了不使自己的精神失去平衡,他需要异性的爱。他面前的这位年轻姑娘,从年龄上讲可以当他的女儿(小他 29 岁),但他心中燃着一团艳火,一种难以压抑的神秘感情诱惑着他紧紧地把这个姑娘拴住,不仅因为她年轻漂亮,还因为她天真烂漫,对自己愚忠,狂热地崇拜。她的柔情、她的激情,对独裁者来说,也许是难能可贵的。他第一次在海滨见到她时就爱上了她。

在法西斯思想的蛊惑下,在克拉拉的心目中,在当时相当多的意大利妇女的心目中,墨索里尼是新拿破仑、新恺撒,是真正男子气概的化身,是奥林匹斯山上的一个神。她们愿意为他献出自己的全部身心。一个皮蒙特的小学女教师,出于对独裁者的愚忠,在新婚前夕竟要求为他献出童贞。"把我熔化了吧,但得让我吻他个够。"这是句在当时一些妇女中流行的话,它典型地反映出失去了理智,陷入盲目崇拜的意大利妇女的可悲心态。克拉拉就是这样一个可怜又可悲的年轻姑娘。她听着墨索里尼向自己倾诉心声,心醉神迷,仿佛浸入童话般的喜悦和幸福之中。"我想我能理解。"她回答墨索里尼关于孤独的话。独裁者趁机张开双臂,把她搂在怀里。

克拉拉被彻底征服了。从此她经常被召去与独裁者幽会,做了他 14 年的情妇。她对自己的未婚夫、后来的丈夫(1934 年正式举行过婚礼)越来越不满意。在狂热的激情支配下,她时时想着独裁者,从早到晚嘴不离"领袖",并逼着丈夫读墨索里尼的文章,要他笃信关于独裁者的神话。她的丈夫在法西斯空军里服役,当然也信奉法西斯理论,崇拜墨索里尼,但在爱情上无论如何不愿意与"领袖"共同分享。墨索里尼可谓是情场老手,他不断地在克拉拉夫妇间注"离心剂",他怀着几分忧虑、几分柔情不断对克拉拉说:"请你相信我,长期的婚约是爱情的坟墓。"有一次他又凝视着她说:"但愿我们时时、日日、月月、年年都能这样互相注目凝视。"克拉拉醉倒了,她和她丈夫的结局是明摆着的,他们婚后不久就分手了。

克拉拉成了自由人,而这时墨索里尼入侵埃塞俄比亚得逞,他的帝国处于顶峰时期。1936 年 1 月,独裁者问克拉拉的母亲说:"太太,您允许我爱克拉拉吗?"佩塔奇太太十分激动,也有些惊慌,她回答说:"我女儿已长大成人了,她与丈夫分居了。您爱她,我不能阻拦。一想到她能在像您这样的男子汉身边生活,我就感到欣慰。"这正是独裁者所要听的话。如果说这以前他和克拉拉之间具有一种柏拉图式的精神恋情,那么从此以后这种恋情就上升到情欲阶段了。墨索里尼为克拉拉单独安置了一座别墅,她的卧室和首相办公室之间接了直线电话,他不时地到她的住处来相会。克拉拉感到心满意足。她容光焕发,一再温情脉脉地向他倾吐自己的爱恋之情,并一再表示她的心只为"领袖"而跳动。她觉得自己的心已被爱神丘比特的金箭所射中,她的心头不时地涌上伊丽莎白·巴雷特·勃朗宁的爱情颂语:"我以我灵魂所能达到的深度、广度和高度爱着你。当我觉得自己已超越人存在的界线和理想的境界之外时,我茫茫然不知所措……我怀着激情爱你,怀着以往在痛苦中的那种激情,怀着少女般的诚挚爱你……我以我全部生命中的呼吸、微笑和眼泪爱你……要是上帝允许,我死后更加爱你。"

克拉拉对墨索里尼像偶像一样的崇拜,迷信得发疯,爱得发狂。她认为,她与他在一起才是完整的。她几乎一刻都不能离开他,唯恐她的心上人被人夺走。她对一切与独裁者有往来的女人都嫉恨，包括墨索里尼的元配妻子拉凯莱。但独裁者又有自己的人生哲学，他不愿意与拉凯莱离婚，他对克拉拉说："对我来说，家庭是社会不可侵犯的、不容改变的部分，摧毁家庭等于自杀。我不喜欢自杀，我鄙视自杀，这样做是懦弱的表现……总之，这样做对我不会有好结果。"

独裁者要维护自己的"崇高"形象不愿与克拉拉公开结合，他只能与她偷情，让她做自己的情妇。克拉拉因为拜倒在这位"超人"的脚下，尽管不时地忧伤痛苦，还是摆脱不了绵绵情意，一再表示"将为爱情而死"。她"觉得自己像是上帝派来帮助他的……因为他是孤独一人，任何人身边都需要有人，需要有人交谈，需要有人同甘苦共患难"。

墨索里尼与许多女人调过情，多半是出于性的冲动，但他对克拉拉确实有点牵动感情。性欲与感情是有所区别的，作为独裁者的人也是一样。有一次他对着大海呼喊道："我爱她，我爱她，这可爱的姑娘。我爱她，是的，我这样叫喊也不感到羞耻，因为我喜欢她。"为了避人耳目，他们常常在离海岸几百米外的汽艇上会面。他把自己的一个小金相框挂在她的脖子上，上面刻有独裁者的留言："克拉拉，你我心心相印。"有一次他在海滨小船上向克拉拉表白说："我特别喜欢你，我的小克拉雷塔，你是我生活中最美好的部分。你是我的灵魂，我的春天，我的青春，我需要你，我需要你的爱，它是那样清新、那样亲切、真挚，那样激越，那样绝对、纯真，那样强烈和迫切，又那样地充满妒忌，所以我十分珍惜你的爱。我面对着我所热爱的大海向你起誓……我爱你，不管发生什么事情，我都爱你，我过去爱你，以后将更爱你。在我这动荡的、艰难的、忧虑不安的一生中，你是我唯一真心地、深情地爱恋的女人。是的，我过去爱过你，现在我只爱你，我亲爱的小宝贝,你是命运赐予我的,而我无意中却让你如此痛苦。"显然,对墨索里尼这些"爱"的表白不能全信,因为他对别的女人也表述过类似的意思;但也不能全不信,因为在上述言词中多少也流露出一些他的真情。

但是,不论独裁者的思想感情有多少起伏,克拉拉对他的爱情却始终是纯真专一的,正如她自己一再所说的那样,是经得起时间的考验的。

14 踏上扩张之路

　　1935年,墨索里尼的名字经常出现在世界各国报纸的头版头栏的标题上。这一年他一手挑起了意大利入侵埃塞俄比亚(当时称阿比西尼亚)的战争。墨索里尼入侵埃塞俄比亚的战争动机,除了想通过这场战争摆脱眼前面临的国内经济、政治的困境以外,用战争的手段来进行侵略扩张,也是他日思夜想,蓄谋已久的事。墨索里尼曾自称"新恺撒",扬言要重建"新罗马帝国",妄想把地中海变成"意大利湖"。他宣称,"意大利如果不能做地中海的主人,便要做地中海的囚犯。"但是,他认为意大利受了协约国的骗,在凡尔赛和会上遭到了丢脸的失败。意大利不但没有得到"伦敦秘密协定"所许诺的殖民地,而且被当作二等国来看待。"意大利需要什么?要一个复仇者!"他自问自答。

　　墨索里尼认为,意大利的生存离不开殖民地。复仇,首先要从殖民地问题上入手。他说:"殖民地的发展,不仅能解决我们的人口过剩问题,我们的经济问题也可随之解决。而现在离大战结束已近十年, 这个问题还没有得到彻底解决。我们的殖民地不多,现有的也甚难开发。"他又说,他"目不交睫,日夜穷思"的问题是如何解决"人口过剩问题"。得出的结论就是要不断开拓殖民地。他说:"我们的政策,第一是武力占领;占领后,继之以经济的开发。两者相互为用。"①

不过，在刚上台的头几年里，在对外关系中，墨索里尼还不敢如此露骨地叫嚷。因为他深知意大利的经济和军事力量都很虚弱，得先站住脚跟。因此他在扮演复兴古罗马帝国的"超人"形象的同时，在处理对外关系的问题上，不得不谨慎从事，尽量不给人咄咄逼人的印象。

1922 年 11 月，上台刚一个多月，他第一次以政府首脑兼外交大臣的身份去瑞士洛桑参加关于土耳其问题的国际会议。他办外交还是个门外汉，只得在仪表上做作一番。他态度严肃，走起路来昂首挺胸，一副威风凛凛的样子。好在他的长相也有助于他去扮演一个典型的拉丁人风度的独裁者的角色。他前额开阔，下巴突出，两道眉毛又浓又黑，一双眼睛又大又深，显得炯炯有神。初次接触，他会给人一个果断而具有钢铁意志的印象。在去瑞士的途中，他打电话给法国政府首脑彭加勒和英国外交大臣寇松勋爵，要求会前先单独会晤，他们同意了。会晤后，他得意洋洋地宣称，"我第一次同我们的联盟国接触就替意大利建立了一个与列强平等的地位"。其实这是这位独裁者仰着脸看英法的自卑心理的反映。而一般意大利人的心理似乎也得到了某些满足，从而感谢他们这位新"领袖"。不过墨索里尼在洛桑会议上确实第一次为意大利获得了实利，得到了罗德岛和多德卡尼斯群岛。

墨索里尼此番洛桑之行，显得格外地高兴。他发现寇松夫妇很有风度，就赞不绝口，一再表示"友谊"，还从头开始学起英语来了。墨索里尼此行感到特别舒畅、得意是有道理的。原来 20 年前，他在洛桑流浪过，做过工，坐过牢。当年被人驱赶的流浪汉，

①墨索里尼:《我的自传》，第 258~260 页。

而今摇身一变,成了一国首相,"衣锦荣归",旧地重游,怎能不叫他踌躇满志呢?

外交上跨出了第一步,他胆子就渐渐大了,开始走第二步、第三步。他一直把眼睛盯在亚得里亚海的东海岸的南斯拉夫、阿尔巴尼亚和希腊,不希望在彼岸有一个强大的对手。1923年7月,墨索里尼要求把南斯拉夫最大的港口城市阜姆并入意大利,而把一部分港口让给南斯拉夫。1924年1月,南斯拉夫接受了。墨索里尼完成了邓南遮为之冒险的事业。意大利人拍手称快。

1923年8月,意大利驻阿尔巴尼亚的将领泰里尼将军、炮兵中校皮那西尼等人被希腊军杀害。这些意大利人是参加一个国际委员会正在划定希腊和阿尔巴尼亚的边界时被害的。墨索里尼决心利用这一事件来显示一下他的威风。他立即向雅典发出最后通牒,要求希腊政府道歉,要求希腊军舰向意大利国旗鸣炮致敬,并赔款50万英镑。希腊没有马上答应。墨索里尼就悍然派海军占领了科孚岛。在国联的斡旋下,希腊赔了款,道了歉,意大利才从科孚岛撤了出来。墨索里尼此举又使意大利人欣喜若狂。

1925年10月,墨索里尼参加了英、法、德、比、意、波、捷等七国在瑞士洛迦诺召开的国际会议。他为能和英、法的代表张伯伦、白里安等人平起平坐而得意非凡。洛迦诺会议主要是解决法德、比德边界的互保条约。《洛迦诺公约》第二条规定,如德国侵入非军事区,其他国家可以对德国诉诸武力,但洛迦诺会议不保证德国东部边界的稳定。这表明,洛迦诺会议向德国敞开了向东方扩张的大门。意大利和英国是保证公约得到遵守的两个主要保证国。洛迦诺会议后,德国加入了国联。墨索里尼对自己能扮演大国保证人的角色,自然很得意。他说:"我办外交,始终保持安静自重、不卑不亢的态度……《洛迦诺公约》可以做我的证人。"

墨索里尼对法国怀有戒心。他害怕英法与巴尔干各国订约而使意大利陷于孤立。因此他相继与波兰、捷克斯洛伐克、奥地利和、南斯拉夫、阿尔巴尼亚、希腊等国签订商务性条约。一时间，国王与王后，首相和外交大臣，一批批外国首脑人物相继访问罗马，使墨索里尼又成了头号"新闻人物"。墨索里尼有些飘飘然了。

在外交上办了几件得意事后，墨索里尼捞到了一点资本，腔调开始逐步变了。1928年6月，他发表讲话说："和平条约中有一些非常公正的既成事实，这些事实将保持不变，我们任何人都不想废除，甚至也不想讨论它们。"但是，"不存在永远不变的条约，因为世界是在不断前进的"。这意思是说，意大利在巴黎和会上已得到的东西，是神圣的，是不能改变的；而意大利有得到的东西，可以讨论，条约不是神圣的，可以变更。为了表明他的决心，他扬言意大利将形成一把可以向世界其他国家掷去的利器。他说："言辞是好东西，但是步枪、大炮、舰只和飞机则更好……可以让全世界看到法西斯意大利沉着而尚武的面孔。"①

这时，他感到自己一面要扮演"和平外交的天使"，一面又要发表黩武主义的讲话，颇不方便，容易给人抓住把柄而陷于被动。于是他把自己一直兼任的外交大臣的职务让给了法西斯老战友狄诺·格兰迪。一个唱红脸，一个唱白脸，一唱一和。

格兰迪在"进军罗马"时是法西斯领导班子的顾问。他风度潇洒，善于言辞，颇有点外交手腕。他走马上任，就在国际会议上露了几手。在伦敦会议上，他声称意大利希望有一个平静的世

---

①特·泰勒：《慕尼黑：和平的代价》（上），第237、238页。

界,也希望有一个和平的欧洲;他在日内瓦裁军会议上又耸人听闻地提出了一个取消坦克、潜艇和轰炸机的全面计划。他的这些动听的言辞博得了各国的喝彩,也为意大利赢得了国际舆论的同情。格兰迪的名声大起来了。

无独有偶。负责空军建设的另一名法西斯头目依·巴尔博,别出心裁地于1933年6月进行了一次不着陆的、横渡大西洋直至加拿大的飞行,出足风头。据说,当月报纸上出现最多的名字是巴尔博。

独裁者的嫉妒心是很重的。墨索里尼不许部下的声望接近自己,更不许盖过自己。他一再强调法西斯"只有一个领袖","不能在同一水平线上有两个领袖"。而今有两颗新星升起,在报纸上和他争夺名声,他怎能容忍?于是他又再次接管了外交大臣的职务,把格兰迪派往伦敦做大使,叫他学学英国人的狡猾。接着,他又把巴尔博放到意属利比亚去做总督,巴尔博的失宠不尽是因为他横飞大西洋而大出风头之事,还由于平时他对"领袖"不太恭敬。有一次,墨索里尼不批准巴尔博的空军预算。巴尔博就跑到威尼齐亚宫去找"领袖"问明原因。一进墨索里尼的办公室,发现"领袖"座位对面的椅子不见了。意思是叫巴尔博得像小学生一样站着受训。巴尔博不买账,一屁股坐到了"领袖"的办公桌上。巴尔博一时在"领袖"面前任性,到头来穿小鞋的还是自己。

除了独裁者个人的脾气性格的因素以外,主要的恐怕还是墨索里尼侵略扩张的部署。1933年头几个月,墨索里尼指示新闻机构要突出宣传如下信息:"法西斯主义在世界的扩张是官方的政策"。墨索里尼声称,"意大利有权扩张到欧洲以外的地方去,并有权到非洲去寻求殖民地"。他还扬言:"总有一天要迫使法国把科西嘉割让给意大利。"①除了外交大权外,就在这一年墨索里尼全面接管了陆、海、空三个大臣的职务,集全部军权于一身。接着,他就制定了意大利在"陆上、海上和空中的主要目标"。这个主要目标就是埃塞俄比亚。

墨索里尼在集中军权的同时,又大肆鼓动起战争来了。他一再声称,法西斯的帝国主义扩张倾向是国家活力的明显标志。1933年他在一次讲话中更是气势汹汹地说:"战争每一分钟都可能突然爆发,因此不是明天,而是现在就要做好战争准备。我们过去是,现在仍然是一个军事民族。因为我们是不怕舆论的。我们要补充一点,我们是一个好战的民族。"②到了1934年,墨索里尼一再声称,这一年是法西斯主义扩张到文明世界去的决定性一年。他把侵略扩张的战鼓越擂越响,越敲越急,以致报刊上的战争舆论越造越凶。一个法西斯文人所写的一篇歌颂战争的诗文就是一个典型的例子。此文题为《战争自有它的美》,它写道:

> ……
>
> 因为战争开始了梦想已久的人类金属化的时代;
>
> 因为战争以机关枪的"兰花"来完成了一片原野的美;
>
> 因为当步枪声与重炮声的音乐一停就可以听到士兵的歌声,嗅到烟火味与腐尸臭;

---

① 丹尼斯·马克·史密斯:《墨索里尼的罗马帝国》(英文版),第47~51页。

② 颜声毅等:《现代国际关系史》,第240页。

因为战争使灵魂受到炮火的震撼，从而改造了尘世美景；

　　因为战争以精炼合时的英雄主义根治了人类所有个人的恐惧心与群众的惊恐心；

　　因为战争焕发了男性的青春，令女性更为爱慕；

　　因为战争自有它的美，因为战争足以促进大法西斯意大利的扩张。①

　　在墨索里尼的拼足力气的推动下，法西斯意大利这架战争机器转动起来了，全意大利上下掀起了一股好战的情绪。然而，墨索里尼和任何独裁者与战争狂人一样都是色厉内荏的，尽管此刻墨索里尼气壮如牛，但内心却十分虚弱，他害怕失败。然而独裁者的虚荣心已压倒他的恐惧心。他已吹过了头，走得太远，无法后退了。他踏上了侵略埃塞俄比亚的战争之途。

---

①转引自约翰·根室：《欧洲内幕》：第287、288页。

15 入侵埃塞俄比亚

墨索里尼梦想着做地中海的主人。但要称霸地中海，在东北面必须控制亚得里亚海和巴尔干半岛诸国，在南面必须控制东非和北非。然而在多瑙河流域巴尔干地区，墨索里尼的野心遇到了英、法、德等国的抵制，一时难以得逞。于是他把目光移向非洲的埃塞俄比亚。埃塞俄比亚地处红海南端的非洲之角，控制着地中海流经红海到印度洋的通道，战略地位十分重要。

意大利是帝国主义列强"瓜分非洲"的后来者。在此以前，它只抢到几块沙漠或半沙漠地区。19 世纪末，意大利在红海南端和亚丁湾抢占了紧靠埃塞俄比亚的厄立特里亚和索马里的一部分这两块殖民地。而厄立特里亚又是埃塞俄比亚的天然海岸和外围丘陵，是意大利最好的一块殖民地。埃塞俄比亚国土广袤，土地肥沃，盛产咖啡、棉花、蔬菜、水果及各种谷物，煤、铁、铂等矿产也很丰富。因此意大利一直觊觎着埃塞俄比亚。如果意大利把它抢到手，不但可以把它同厄立特里亚和意属索马里连成一片，而且可以控制尼罗河水源，继而控制尼罗河下游的苏丹、埃及的水利灌溉，对建立意大利的"非洲帝国"十分有利。

1896 年，意大利在厄立特里亚的殖民军曾向埃塞俄比亚发起过进攻，妄想一举吞并整个埃塞俄比亚。但是阿杜瓦一战，意军惨败，侵略美梦成了泡影。意大利侵略者对此一直耿耿于怀。

邓南遮煽动士兵说,要报仇,一定要去掉"阿杜瓦的伤疤,可耻的伤疤"。墨索里尼也认为阿杜瓦的惨败是意大利一个长期的"耻辱",一定要"雪耻"。

墨索里尼对埃塞俄比亚早就怀有侵略野心。他承认 1925 年他就"开始研究埃塞俄比亚问题了"。该年,他和张伯伦商定了一项条约,在埃塞俄比亚划定了英意的势力范围。为了牵制英国,1928 年意埃又签订了一项"亲善友好条约",彼此保证"不得采取任何威胁对方的行动"。墨索里尼在签订这份"友好"条约时就做好了撕毁条约的准备。1928 年,他发出了一个奇怪的预见:"1935 年至 1940 年,欧洲将处于它的历史上的一种非常有趣和非常微妙的关头。"①微妙的"历史关头"一到,墨索里尼就开始行动了。

1934 年 12 月 5 日,一支埃塞俄比亚的警卫队在瓦尔瓦尔村与蓄意挑衅的驻意属索马里的殖民军发生冲突。这支警卫队是专门护送勘察索马里人游牧部落放牧范围的英埃联合委员会的。意军出动装甲车和飞机,而埃塞俄比亚只有一支小部队。埃塞俄比亚方面在冲突时牺牲 110 人,其中包括指挥官阿莱马育。意大利方面只有 32 人战死。墨索里尼贼喊捉贼,倒打一耙,反倒要求埃塞俄比亚的"哈拉尔总督亲自到瓦尔瓦尔正式赔礼道歉","勒令"参战的埃军人员向死去的意大利士兵"致敬",并支付 30 万埃元的"赔偿费"等。这无异于是最后通牒。埃塞俄比亚的皇帝海尔·塞拉西把争端提交国际联盟仲裁。墨索里尼对此根本不予理睬,继续按自己的既定侵略方针办。12 月 30 日,他亲自下达命令:"摧毁阿比西尼亚武装部队,完全征服埃塞俄

---

①特·泰勒:《慕尼黑:和平的代价》(上),第 237 页。

比亚。"①

意大利军方对入侵埃塞俄比亚持乐观态度,以戴·波诺将军为首的一个秘密委员会一直在研究军事形势。但是墨索里尼还有后顾之忧。他一怕英法出面干涉,二怕意奥边界空虚。因为这时希特勒的第三帝国正在崛起,咄咄逼人。因此他认为,"在欧洲一点事没有",意大利对埃塞俄比亚的入侵才能顺利进行。

希特勒德国的崛起,使欧洲的形势迅速发生变化。英法特别是法国害怕德国东山再起,因此在外交上开始接近意大利。墨索里尼就抓住时机,利用矛盾,为自己入侵埃塞俄比亚排除后顾之忧。1935 年 1 月,法国外长赖伐尔访问罗马,同墨索里尼签订了《罗马协定》。双方都做了让步。墨索里尼放弃对法属突尼斯的要求,照顾法国在埃塞俄比亚的利益;法国则把 11 万平方公里的撒哈拉沙漠让给意大利, 修订了法属索马里同厄立特里亚之间的边界,使意大利获得了 800 平方公里的红海海岸地带。

稳住了法国以后, 墨索里尼就指示在伦敦当大使的格兰迪到英国外交部去, 请英国政府考虑签订一项英意协定,"以便调整意英在埃塞俄比亚的利益"。英国害怕意大利入侵埃塞俄比亚可能危及它在苏丹、埃及和苏伊士运河的安全与利益,但又害怕德意抱成一团。前怕狼,后怕虎,犹犹豫豫,因此开始时英国的答复是含糊其辞。接着就想利用国联来钳制意大利。墨索里尼得知后大发雷霆,咆哮说:"我可不是沙漠搜集家。不久前,我刚从法国那里得到十一万平方公里的撒哈拉沙漠。你知道在那块荒僻的沙漠地有多少人? 62 人! "他威胁说,国联如果对意大利进行制裁,那意大利就"立即退出国联"。他又说:"命运之轮向着一个

---

① 特·泰勒:《慕尼黑:和平的代价》(上),第 194 页。

目标转,它越来越快,是阻挡不了的。世界正以最黑暗的不公平手段来对付意大利人,甚至拒绝他们在阳光下占一席之地……我不相信英国人会为了保卫一个不能侧身于文明人群中的野蛮国家而愿意流血,使欧洲陷于惨祸之中。"①英国当时执政的是鲍德温。此公是胆小鬼,人家吼一声,他就吓一跳。墨索里尼料定英国不敢轻举妄动。

墨索里尼继续按他的侵略步骤行事。1935年1月,他任命戴·波诺为东非意军总司令。从2月开始,大批意军调往厄立特里亚和意属索马里。到1935年秋,意大利已有30万军队集结在埃塞俄比亚的东南和北部地区。他指示戴·波诺一定要挑起意埃战争。他说:"如果埃塞俄比亚皇帝无意向我们进攻,那我们就必须采取行动。"②1935年10月3日,30万意军不宣而战,从厄立特里亚和意属索马里突然入侵埃塞俄比亚。

意大利入侵埃塞俄比亚,世界舆论大哗。墨索里尼贼喊捉贼,反诬塞拉西皇帝是侵略者。人们讽刺他说,塞拉西在"命令自己的军队从自己的领土内撤退时,他就犯下了挑战的行为了"。墨索里尼心里当然明白,这种强词夺理的说法是欺骗不了世界舆论的。因为意军明明从欧洲跑到了非洲。转而他又抬出帝国主义的强盗逻辑来。他针对西方列强的喧闹声说:"我们已经开始进军,现在要我们中止是太迟了。请看看葡萄牙、比利时和荷兰,他们都有物产丰富的殖民地,意大利当然也得有物产丰富的殖民地才行啊!我们只要一有这种殖民地,我们就会变得像一切拥有殖民地的列强一样的保守安分了。"③他还进一步对西方列强

①约翰·根室:《欧洲内幕》,第292、293页。

②理·格林菲尔德:《埃塞俄比亚新政治史》,第385页。

③约翰·根室:《欧洲内幕》,第292页。

争辩说,"为什么你们自己要做的时候就做了,而我们做了就有罪?"墨索里尼的逻辑是十足的强盗逻辑。

在世界进步舆论的推动下,10月7日,国联被迫宣布意大利为侵略者。11月开始,国联进一步宣布对意大利实行经济制裁。作为国际联盟成员的中国也跟着宣布对意制裁。当时国民党政府是想以此换取国联对日本侵华的制裁。墨索里尼得悉中国的行动后,就召见中国驻意大使说:"阁下惠临以来,诸事无不彼此亲善,即使馆升格,中意亦属最先,贵国何故也制裁我?"中国大使回答说:"中国加入制裁,不过执行国联的决议。中国今天若不制裁贵国,则哪能要求国联将来制裁日本?"墨索里尼听后大声说道:"我坦白告诉阁下,国联已出卖中国。国联为什么制裁意大利而不制裁日本?国联已出卖中国!我再说一遍。"[1]国联确是出卖了中国,对意大利的制裁不过是装装样子,因为使意大利最害怕的石油制裁却不包括在内。这种软弱无力的制裁无损于墨索里尼的一根毫毛,因此他的态度更为嚣张。意大利宣布退出国联。10月9日,意军在攻下阿杜瓦后,特意在该城树起一块碑,上面刻着:"向1896年3月1日在阿杜瓦殉国的将士致敬。你们的仇已由1935年10月9日的胜利而报了。"

意军的侵略行径激起了埃塞俄比亚人民的无比愤恨。海尔·塞拉西皇帝向人民宣告说:"我,现在向你们讲话的皇帝,将同你们在一起,为了埃塞俄比亚的独立,我将毫不犹豫地洒尽我的鲜血。"埃塞俄比亚举国上下,同仇敌忾,奋起反抗,给意军以沉重的打击。战争进行了5个月,意军前进不到100公里。越深入内地,意军所受的打击就越大。

---

①刘文岛:《意大利史地》,第57页。

1935 年底,墨索里尼撤了戴·波诺的职,改派巴多格里奥为侵埃总司令。巴多格里奥进宫向国王伊曼纽尔辞行。国王说:"你此次出征,打胜了,我则为阿比西尼亚王;打败了,则我为意大利王。"有人解释说,这言外之意是,意军胜了,墨索里尼权更大了,伊曼纽尔不如退做阿比西尼亚王;意军败了,墨索里尼可能下台,伊曼纽尔还可以做意大利国王。[①]

巴多格里奥接替戴·波诺后,意军加强了进攻。意大利飞机对埃塞俄比亚城镇狂轰滥炸。墨索里尼还公然下令进行灭绝人性的化学战。开始只限于某些地面部队使用毒气弹,影响有限;后来进一步改从飞机上喷射芥子气,接着很快就在整个战线上使用这种毒气。埃塞俄比亚军民当时没有防毒面具,致使275000人被毒气熏死。当时一位国际红十字会的医生写道:"这不是战争,这甚至不是屠杀——而是用炸弹和毒气残酷地折磨千千万万手无寸铁的男人、妇女和儿童。他们不断地使用毒气……而世界却袖手旁观,装聋作哑。"[②]

为了鼓舞士气和宣传战争,墨索里尼把两个儿子维多利奥和布鲁诺以及女婿齐亚诺都派往埃塞俄比亚前线,充当飞行员。布鲁诺尚不满17岁,当局提前授予空军委任状。法西斯报刊宣传说,"领袖"的两个儿子是"法西斯英雄主义的典范"。大儿子维多利奥还写了本小册子,对意大利青年鼓动说,"战争是美好的","每个意大利好男儿有朝一日都应该去经受战争的磨炼,因为战争是一项令人振奋的游戏,是的的确所有游戏中最美好和最完满的运动"。他又说,"当时我得到的印象是,炸弹在他们

---

①刘文岛:《意大利史地》,第 25 页。
②理·格林菲尔德:《埃塞俄比亚新政治史》,第 411 页。

当中炸开来的时候,就像正在开放的一朵玫瑰花"。①在法西斯父亲的潜移默化的熏陶下,维多利奥像其乃父,成了一个法西斯战争狂人了。墨索里尼的女婿齐亚诺更是以屠杀埃塞俄比亚人民为乐。他对记者说,当你看到阿比西尼亚人集中在一起时,你可用机枪扫射一阵,他们马上散开躲到深草丛中去了。这时你再胡乱地扫射一阵,他们每个人都以为子弹落得很近,所以就立刻从长草丛里钻出来向四方跑去,这时你就可以"切切实实地扫射他们了"。齐亚诺自画了一个失去人性的刽子手形象。

在埃塞俄比亚人民惨遭屠杀的关头,英法统治集团却在私下勾结墨索里尼出卖埃塞俄比亚。1935 年 12 月,法国外长赖伐尔伙同英国外交大臣霍尔密谋策划了一项"赖伐尔—霍尔计划",交给了墨索里尼。英法提议和意大利"交换"领土:把相当于埃塞俄比亚三分之二的土地交给意大利,对其他三分之一的土地,意大利有权移民;作为补偿,意大利把厄立特里亚一条狭长的沿海地区交给埃塞俄比亚。墨索里尼一估算,发现他得到的领土比他军队占领的还大得多,便乐意接受了。②正当这笔肮脏的交易在秘密进行之际,不料秘密被报纸泄露了。英法舆论大哗。霍尔和赖伐尔受到激烈的反对,相继被迫下台。"赖伐尔—霍尔计划"未及公开出笼就流产了。

接替霍尔的安东尼·艾登外交大臣想加强经济制裁,但法国政府依然不起劲。美国则借口自己不是国联成员,不受国联决议的约束,继续公开地向意大利提供大量石油等物资。希特勒当然支持法西斯的祖师爷,德国成了意大利煤炭等物资的主要供应

---

①丹尼斯·马克·史密斯:《墨索里尼的罗马帝国》,第 74、75 页。
②让·巴蒂斯特·迪罗塞尔:《外交史(1919—1978)》,第 190 页。

者。国联的经济制裁实际作用不大。正如丘吉尔所说的,这种制裁是"侵略国能够接受的半心半意的制裁"。虽然如此,墨索里尼还是为此捏过一把汗的。事后他向希特勒透露说:"如果国际联盟把对意大利的经济制裁扩大到石油方面,那我一周后就只好退出埃塞俄比亚,这就会酿成一场奇灾大祸。"

　　1936年3月,欧洲发生了一件令世界深为不安的事件。3月7日,希特勒派兵一举占领了莱茵兰非军事区,明目张胆地破坏《凡尔赛和约》和《洛迦诺公约》。墨索里尼巧妙地利用世界舆论的注意力转移到欧洲去的时机,加强对埃塞俄比亚的军事攻势。1936年5月5日,意大利侵略军攻占了埃首都亚的斯亚贝巴。5月9日,墨索里尼站在罗马威尼齐亚宫的阳台上宣告埃塞俄比亚归并入意大利,并宣布维克多·伊曼纽尔国王为"埃塞俄比亚皇帝"。他说:"等待了15个世纪,得到了帝国的再现。这帝国既为意大利人民的血肉所铸成,就应以劳动来栽培它,以武器来保卫它。"此刻的墨索里尼以恺撒自居,真可谓是不可一世了。国王只好巴结他。伊曼纽尔三世授予墨索里尼最高勋章。国王在授勋仪式上致辞说:"首相兼国防大臣墨索里尼,为了法西斯祖国的威严、生存、发展,他准备了,指挥了,并最后取得了历史上最伟大的殖民战争的胜利。"①

　　亚的斯亚贝巴沦陷后,海尔·塞拉西皇帝流亡英国。1936年6月28日,他在日内瓦国联全体会议上控诉说:"我是在捍卫所有正在受到侵略威胁的弱小民族的事业。曾经对我作出的诺言变成了什么? ……上帝和历史将会记住你们的判断。"这位身材矮小的皇帝的话震撼了世界的良心。事后,艾登发人深省地回忆

---

　　①刘文岛:《意大利史地》,第148、149、23页。

说："回顾过去,我又勾起了这样的想法,难道我们在 1935 年就不能下更大的决心来推行制裁?如果我们下定决心,难道就不能撕下墨索里尼的假面具,从而至少推迟这场战争? 我敢断言,回答是肯定的。使墨索里尼成为强有力的人是我们,而第一个使他原形毕露的则是希腊人。"①这些话当然是马后炮,但这马后炮也确实总结了英法纵容墨索里尼侵略埃塞俄比亚的历史教训。

116

---

①安东尼·艾尼:《艾登回忆录》(面对独裁者),第 311 页。

16 伙同希特勒武装干涉西班牙

入侵埃塞俄比亚的得逞,使墨索里尼的腰板似乎更硬了,胃口也更大了。这时,他又把视线移向了欧洲。

1936年7月21日,一架从法国马赛来的飞机抵达罗马。从飞机上下来两名西班牙记者。一名是《阿贝赛报》主编,另一名是该报驻伦敦记者路易斯·博林。他们是前来执行西班牙叛军头目佛朗哥的使命的。佛朗哥四天前刚在西属摩洛哥宣布叛乱。这个博林,实在是个神通广大的记者。当西班牙叛乱开始时,原来的叛军主要头目圣胡尔霍由于飞机失事而丧命,这时他的同伙佛朗哥还在半流放地加那利群岛。群龙无首,叛军可能就要乱阵脚。在这紧急关头,博林租了一架"快龙号"英国飞机,开往加那里群岛,把佛朗哥接往摩洛哥的得土安。佛朗哥当时手下有3万非洲军,但西班牙政府控制着大部海军,要把非洲军跨过直布罗陀海峡调往本土参加叛乱,实在是件难事。这时,佛朗哥想起的是墨索里尼。于是就派博林乘这架"快龙号"前往罗马求援。

西班牙这次叛乱与当时欧洲形势是密切相关的。随着德、意法西斯的日益猖獗,西班牙的法西斯组织长枪党也越来越猖獗了,几次阴谋夺取政权。西班牙共产党、工人社会党等左翼党派于1936年1月组成人民阵线。在2月间的国会选举中,人民阵线击败了反动势力,取得胜利,开始执政。这一下子使西班牙内外的法西斯势力惊恐不安。阴谋以武装叛乱来推翻人民阵线，建立法西斯统治。

墨索里尼一直梦想把地中海变为意大利的"内湖"，西班牙的战略地位对实现他的野心来说，实在太重要了。因此早在1934年他就答应向西班牙法西斯提供武器援助。在武装干涉西班牙内战的初期，墨索里尼比希特勒更起劲一些。柏林也承认，"意大利在西班牙有更多的利益"。

佛朗哥的密使抵达罗马后，墨索里尼一口答应全力帮助。九天后，即7月30日，20架意大利飞机就从撒丁岛飞往摩洛哥。随同博林飞往摩洛哥的有意大利空军副大臣朱塞佩·瓦莱及黑衫队头目埃·穆蒂。抵达西属摩洛哥后，意大利的空勤人员就编入西班牙外籍军团，往西班牙本土空运叛军，直接参加西班牙内战。

与此同时，希特勒也在加紧援助佛朗哥。墨索里尼唯恐失掉他在地中海的特权，因此一心想在支持佛朗哥的叛乱方面超过希特勒。11月，意大利和西班牙叛军签订了一项秘密条约。"西班牙就其未来的政策方针做出了某些保证"，意大利则保证继续援助叛军。随后，墨索里尼就以"志愿兵"的名义把整师的法西斯"民兵"开进西班牙本土参加作战。意大利还特意成立了一个"赴西班牙作战委员会"。在征兵时它欺骗说是开往埃塞俄比亚服役的，岂知一上船就被送往西班牙。1937年1月23日，墨索里尼告诉来访的戈林说，在西班牙的"意大利人员达到了四万四千人"。意大利在干涉西班牙内战中，共花费了140亿里拉。其中提供了1000架飞机、2000门大炮、1000件自动武器、24万支步枪、700辆坦克、14000辆汽车。从这些数字中人们不难发现意大利干涉西班牙内战的规模，也可以从中窥测出墨索里尼的野心之大了。

墨索里尼还用潜艇封锁地中海。他这一举动，一方面固然是为了阻止苏联等国向西班牙人民阵线提供援助，但另一方面也是针对英法，特别是针对英国的。他想试探一下英国人的反应。他料定英国人不敢和他闹翻。他的女婿齐亚诺说，"领袖非常镇静"，他"不相信英国人想同我们闹冲突"。英法的绥靖政策确实使墨索里尼的胆子越来越大了。

墨索里尼出兵帮助佛朗哥夺取政权，不但希望西班牙和意大利结盟，而且要控制地中海的军事基地。他直截了当地说："我们希望得到报酬，我们一定要得到报酬。"他告诉德国外长里宾特洛甫说，佛朗哥"将来必须忠于我们的制度"。里宾特洛甫就问他在地中海马略卡岛的意图。墨索里尼回答说，我们在那里"建立了一个海军基地和一个空军基地"。因为"佛朗哥必须认识到，即使我们最后撤出（西班牙），一旦同法国交战，马略卡仍然必须是意大利的一个基地"。[①]

在干涉西班牙问题上，希特勒虽然和墨索里尼携起手来一起干，但他也有自己的打算。他和墨索里尼一样，希望在西班牙这个战略要冲地建立起另一个法西斯政权，但他并不希望佛朗哥马上胜利。1937年11月，希特勒向纳粹党的其他头目透露说："从德国观点看，佛朗哥100%的胜利并不好。我们目前关心的是继续和保持地中海区域的矛盾。"[②]希特勒企图用延长西班牙内战的方法来转移英法的注意力，以利于他加紧扩军备战；同时让墨索里尼在全力支持佛朗哥的过程中与英法长期处于对

---

①特·泰勒：《慕尼黑：和平的代价》（上），第458、459页。

②乌沙科夫：《希特勒德国的对外政策》，第83页。

立,有利于把墨索里尼牢牢拴在自己的身边。希特特对他也还是怀有戒心的。

墨索里尼和希特勒不同,他希望在西班牙尽快取得胜利。然而他的法西斯"志愿兵"却很不争气。1937年3月,3万多意大利"志愿兵"分成4个整师,会同2万西班牙叛军向马德里西北方向的瓜达拉哈拉市发起进攻。西班牙人民阵线的军民会同世界各国进步人士组成的"国际纵队",给予法西斯军队以有力的打击。法西斯"志愿兵"溃不成军,丢失大批武器装备,死伤人数超过侵略埃塞俄比亚战争中死伤人员的总和。墨索里尼本想通过在西班牙的军事行动来抬高自己在国内外的威望,这一下弄巧成拙,反而使他威信扫地。他大发雷霆,警告意大利指挥官说:"如果不打胜仗,就不要活着回国。"

瓜达拉哈拉一役的惨败,对墨索里尼来说不但损失惨重,而且颇有讽刺意味。因为在这一战役中,法西斯"黑色火焰"师碰上了由意共领导人隆哥担任军事总监的"国际纵队"。参加这次战斗的还有一个"加里波第"营,其中一个连的指挥官是意大利社会党领袖南尼。共产党和社会党在国内都是被墨索里尼取缔的,而今在西班牙却败在自己对手的手下,怎能不令他暴跳如雷?在墨索里尼派法西斯军队武装干涉西班牙内战的同时,意大利有3500多反法西斯战士参加"国际纵队",和西班牙人民并肩战斗,其中约有700人献出了生命。

西班牙的反法西斯战争在人类历史上写下了可歌可泣的一页。在35000名由各国进步人士组成的"国际纵队"中,就有1万多人牺牲在西班牙战场上。"中国支队"有100多人参加,其中不少人也献出了宝贵的生命。

由于英法等西方国家推行绥靖政策,使西班牙人民阵线的

120

处境越来越困难。而德意法西斯的人力、物力却源源送往西班牙叛军一方。双方力量越来越悬殊了。1938年春开始,德意法西斯武装配合佛朗哥的叛军发起总攻。1938年12月,他们集中30万兵力围攻人民阵线政府控制的加泰罗尼亚。1939年3月,首都马德里陷落。西班牙共和国被佛朗哥和墨索里尼、希特勒颠覆了。

德意联合武装干涉西班牙,墨索里尼特别起劲。他和英法的关系疏远了;与此同时,墨索里尼不得不向希特勒靠拢。1937年9月墨索里尼访问柏林时,和希特勒达成谅解。在西班牙,"意大利的利益和潜力将有应有的优先权,非常一般地说来,德国将不在地中海妨碍意大利";而"另一方面,意大利将不损害德国在奥地利的特殊利益"。①通过武装干涉西班牙事件,两个独裁者走到一起来了。然而两人的猜疑并没有完全消除。虽说两个独裁者都信奉法西斯主义,但是由于利害冲突,他们也经常钩心斗角。他们之间关系的变化,说来也是话长。

---

①特·泰勒:《慕尼黑:和平的代价》(上),第461、462页。

17 墨索里尼和希特勒

　　墨索里尼和希特勒这两个独裁者，可说是历史上罕见的一对。墨索里尼比希特勒长 6 岁，早 10 年掌权。从法西斯的政治生涯来说，墨索里尼资格老，可说是法西斯的鼻祖。在希特勒执政以前，墨索里尼一直瞧不起他，认为他思想"平庸"，"缺乏原则性"。其行动不过是自己的"模仿者"。

　　而希特勒在上台以前却很崇拜墨索里尼。他称墨索里尼为"伟人"，说"阿尔卑斯山南面的那位伟人不愿和意大利的敌人签订任何条约，而是千方百计地力图消灭他们"。他还预言，墨索里尼将进入"地球上的伟人之列"。这时的希特勒几乎是跪着仰望这位法西斯鼻祖的。

　　1933 年 1 月，在纳粹党夺取政权的前夕，希特勒怀着十分钦佩和崇敬心情给墨索里尼写去一封私人信，表示他"迫切需要加强联系"，希望他们"不久能亲自会晤"。墨索里尼这时端足架子，把希特勒提出的会晤要求，置若罔闻。不久，希特勒取得了胜利，坐上了总理的宝座。这一下，他自认为可以和墨索里尼平起平坐了。

　　听到希特勒成功的消息，墨索里尼十分高兴，认为"这对意大利法西斯主义来说也是一个胜利"。但是，意大利的新闻舆论却继续指出，"德国是模仿了意大利的样板"。①

希特勒口口声声喊着要撕毁《凡尔赛和约》，因此纳粹党的执政使英法多少有些忐忑不安。墨索里尼抓住时机，想利用英法和德国的不和，由自己居间操纵，占领欧洲的政治舞台中心。他搞了一项德、意、英、法"四国公约"，解释为是"逐步修改条约的工具"，并希望通过该公约使四大国在裁军问题上步调一致起来。法国的想法和他的打算还是有很大距离的。但是，最后彻底破坏"四国公约"的还是希特勒。1933年10月14日，希特勒突然宣布退出日内瓦裁军会议和国际联盟。这给了"四国公约"致命的一击，致使已经签了字的"四国公约"成了一张废纸。12月31日，墨索里尼发表声明说："如果不能根据四国公约修改条约，那就只好让大炮陛下说话了。"②

墨索里尼对希特勒拆自己台的行为十分恼火。他说："德国人采取的鲁莽行动已破坏了3个窗户，即裁军会议、国际联盟和四国公约的窗户。"他还抱怨说，他"采取一切措施来帮助德国人，但得到的报酬是，德国人采取了一系列旨在损害意大利的利益和感情的行动"。

希特勒当然不愿和墨索里尼闹翻，为了安抚他，让戈林给这位法西斯领袖带去一封私人信，对他"给德国的宝贵支持"表示感谢，并用抱歉的口吻对自己的行动做了解释。与此同时，戈林又向墨索里尼透露了德国要吞并奥地利的打算。这是令"领袖"最敏感的问题。意大利不愿在自己的北方大门口出现一个强大的邻居。因此墨索里尼要求德国放弃吞并奥地利的企图。

---

①丹尼斯·马克·史密斯：《墨索里尼的罗马帝国》，第48、49页。
②让·巴莱斯特·迪罗塞尔：《外交史》，第188页。

　　为了叫墨索里尼不要来干涉德国吞并奥地利的事，希特勒于1934年6月前往意大利的威尼斯会见"领袖"。14日，两个独裁者第一次在威尼斯机场见面了。希特勒穿一件寒酸的束带风衣，头戴一顶灰帽子，动作显得局促不安。墨索里尼却耀武扬威地穿一身笔挺的法西斯礼服，闪闪发光，摆足了"领袖"的派头。在国际礼仪、接待外国要人方面，墨索里尼已有10年经验，是老手了。和"领袖"相比，德国"元首"就显得相形见绌。为此，希特勒事后大骂德国驻意大利大使，事先没有告诉他穿礼服，以致使他出足洋相。

　　会谈时，两个独裁者在奥地利问题上顶撞了起来。

　　"奥地利为德国不可分割的部分，这是我的意志，也是日耳曼民族不屈不挠的意志。"希特勒拉破嗓门叫着。

　　墨索里尼不甘示弱地回敬说，"奥地利为独立国，这是我的意志，也是意大利人民不屈不挠的意志"。[①]两个独裁者都亮了本色，结果不欢而散。

　　此刻，墨索里尼自以为比希特勒资格老，就有意地去冷落希特勒。第二天阅兵，作为主人的"领袖"却迟到了20分钟，让国宾"元首"尴尬地站在台上等。希特勒一会儿左腿直立，一会儿右腿直立，气得眼珠都快出来了。他只好强往肚里咽苦水，不好发作。最后，希特勒两手空空，垂头丧气地回到了慕尼黑。

　　这次，墨索里尼十分得意，称希特勒是个"笨伯"，说"我还得给他一个教训"。他对副外交大臣富尔维奥·苏维奇说，在他会见希特勒时，发现希特勒的眼里充满了泪水，说"这是他的弱点"。他把希特勒的眼泪看作是软弱的表现，实在是大错特错了。希特

124

　　[①]许性初、罗吟圃：《国际政治内幕》，第54页。

勒给墨索里尼的颜色还在后头呢。

墨索里尼为了对抗德国,有意去拉拢奥地利总理陶尔斐斯。陶尔斐斯自 1932 年上台后,仅 1933 年一年内,就 3 次应墨索里尼之邀请前往罗马访问,并签订了《罗马协定书》。其中规定,当奥地利遇到侵略时,"意大利有权干涉"。陶尔斐斯说:"奥地利有了意大利这样一个强大而谅解的朋友,就可以减轻那些令人忧虑的重担了。"墨索里尼则向陶尔斐斯兜售法西斯货色,要他取消议会制。陶尔斐斯心领神会。

1934 年 7 月下旬,陶尔斐斯又准备前往罗马会晤墨索里尼。夫人先行,提前到了罗马。就在陶尔斐斯准备动身前往罗马的前夕,7 月 25 日,他被纳粹分子打死在总理府内。墨索里尼认定是他的那位"模仿者"指使干的,于是马上命令把六个师的兵力开到勃伦纳山口一带。谋刺陶尔斐斯事件后,墨索里尼疏远了希特勒。

1935 年,墨索里尼入侵埃塞俄比亚,使意大利和英法的关系紧张起来了。希特勒这时就有意向墨索里尼表示亲近,他不但不参与对意大利的制裁,而且予以大力支持。他希望扩大英法和意大利的矛盾。这下,墨索里尼可高兴了。在他处于危难的时刻,德国"元首"出来助他一臂,真是"患难之交"了。正当世界舆论的视线都集中在埃塞俄比亚的时候,1936 年春,希特勒突然进兵莱茵兰非军事区。希特勒这一招,出乎世人之意料之外,使英法一下子要应付两个局面,既减轻了国际舆论对墨索里尼的压力,自己又得了实惠。这时两个独裁者发现,他们联合起来,互相配合,利用英法的弱点,可以双方获益。"领袖"冲刺时,"元首"作旁观;"元首"动作时,"领袖"乘机抓一把。自此,他们逐步靠拢,双方都准备采取"互利"的"新政策"。

墨索里尼为了协调他的对外政策,特别是协调对德政策,就在这时,1936 年 6 月,起用了一个新的"外交明星"。此人就是他自己的女婿齐亚诺。他把自 1932 年以来兼任着的外交大臣职务交给了女婿。

加莱阿佐·齐亚诺是柯泰拉佐的伯爵,1903 年 3 月 18 日出生于濒临地中海的里窝那,是独子。其父科斯坦·齐亚诺是个职业军人,第一次世界大战期间任海军上校。老齐亚诺在法西斯运动的初期就是个狂热分子,忠于墨索里尼,为"领袖"的上台,摇旗呐喊,不遗余力。墨索里尼掌权后,老齐亚诺立即被提升为海军上将,并授以爵位。以后,他又爬上了交通部长和法西斯众议院院长的宝座。他凭借权势,聚敛了巨量财富。

小齐亚诺自小受到了正规的学校教育,1925 年毕业于罗马大学法律系。他中等身材,仪表堂堂,威严而有魅力,不但能言善辩,谈吐自如,而且机敏、幽默。青年时期,他对法西斯运动还保持着一定距离。当他踏上社会时,法西斯主义已侵蚀意大利整个社会机体,他亦逐渐陷入法西斯泥潭,最后不能自拔。

大学毕业后,加莱阿佐·齐亚诺进入外交部门工作。先后在里约热内卢、布宜诺斯艾利斯、北平等地的意大利驻外使、领馆供职。1930 年,他和墨索里尼的大女儿爱达·墨索里尼结婚。自此,齐亚诺伯爵平步青云,官运亨通。他刚被提升为意大利驻上海总领事不久,1932 年又马上被提升为驻华公使。1933 年调回意大利工作。回国后,他先当墨索里尼新闻办公厅主任,1935 年被提升为新闻和宣传副大臣,第二年就升任外交大臣。是年他33 岁。

齐亚诺个人不乏才识与胆略,但在独裁者的岳父大人面前却是一副俯首帖耳的奴才相。"领袖"的意志是法律。每当墨索里尼呈愠色，他就诚惶诚恐。齐亚诺从一开始身居要职，就完全处于独裁者的权势之下，唯命是从。墨索里尼起用女婿，是要增加一件得心应手的工具。

墨索里尼起用新人，也是向希特勒发去一个讯号：意大利准备推行亲德的新外交政策了。柏林马上传来希特勒的反应：邀请"领袖"访问德国，希望同齐亚诺外交大臣"进行个人接触"。墨索里尼表示，他的访问将会"引起很大轰动"，宜让齐亚诺先去柏林走一趟，以便做好"充分准备"。于是，齐亚诺上任不久，就匆匆赴柏林去执行墨索里尼的使命了。

1936 年 10 月，齐亚诺与牛赖特在柏林签订了德意合作的协议书。德国承认埃塞俄比亚为意大利帝国的一部分；德意共同武装干涉西班牙；两国在巴尔干和多瑙河流域划分了势力范围。10 月 24 日，希特勒在伯希特斯加登接见齐亚诺。在整个谈话中，希特勒有意避开谈意大利人敏感的奥地利人问题，只是在阳台上眺望远处奥地利的萨尔斯堡时，他指给齐亚诺说，"我必须用望远镜来看我的德国祖国"。齐亚诺当然心领神会，回罗马后就原原本本把这句插曲向"领袖"做了汇报。

齐亚诺这次访问柏林为德意关系奠定了基础。墨索里尼想通过与德国的合作来建立自己的势力范围。他对女婿这次完成的使命十分满意。1936 年 11 月 1 日，他在米兰教堂广场发表演讲说："一个伟大的国家最近得到了意大利群众的广泛同情；我说的是德国。""柏林会晤的成果是两国在某些问题上取得了谅解……这条柏林—罗马垂直线并不是一层隔板，而是一个轴心，可以在这个轴心周围团结所有愿意合作和维护和平的欧洲国家。"[①]从此，

---

①让·巴蒂斯特·迪罗塞：《外交史》，第 211 页。

"柏林—罗马轴心"就成了德意法西斯妄图称霸欧洲,乃至称霸全球的代名词。齐亚诺对这个轴心是十分满意的。他说,如果"从罗马到东京再拉一条线,这个轴心体系就完善了"。其实,对墨索里尼来说,他每向德国"元首"靠拢一步,他的独立性就少一分。

1937年4月,希特勒派戈林赴罗马会晤墨索里尼,主要是向意大利讲清楚德奥合并"势在必行"。戈林坦率告诉墨索里尼说:"德奥非合并不可,而且不容再拖延了。"墨索里尼听后只是大摇其头,一声也不吭了。"领袖"的威风已不如当年了。

这年的9月24日,墨索里尼终于动身前往德国访问了。齐亚诺对其随员说:"请注意服装,我们一定要显得比普鲁士人还要普鲁士。"希特勒则为意大利"领袖"的来访做了精心的安排。他要趁此机会向意大利人显示一下自己的实力。他先安排墨索里尼在慕尼黑参观访问,让客人参观兵工厂,展示德国的先进武器,还特意组织了一场军事表演。墨索里尼答谢主人的盛情,特意授予希特勒"意大利法西斯民兵荣誉队长"的称号,并授予证书、袖章和一把短剑。最精彩的是墨索里尼进入柏林车站时的欢迎仪式。希特勒的迎接专列提前等候在岔路上,当墨索里尼的专列到来时,两列专列并排徐徐前驶,两列车上的乘客可以从容对话。这样并列足足开了15分钟。快到车站时,希特勒的专列突然加快速度,比来宾的专列提前几秒钟抵达。这样就可以使希特勒在月台上往前走几步,向墨索里尼伸出手来以示欢迎。

希特勒把墨索里尼来访的日程安排得紧紧的。他要让这位意大利"领袖"对德国的强大留下深刻印象;同时又要叫英法等国看看他们这两个独裁者之间的亲密无间的"友谊"。因此,在整个意大利人访问期间,两个独裁者如同一对情人,总是形影不离。他们把主要精力都放到检阅、集会、演说、宴会等抛头露面的场面上去了。德国人在柏林组织了节日般的盛会来欢迎墨索里尼。在奥林匹克体育场举行的群众性欢迎集会上，在体育场及其附近，柏林当局组织了100万人前来参加。

为了显示两个轴心国的"团结""友谊"，双方都讲了一些肉麻的话。希特勒说："意大利，尤其是法西斯意大利是决不会丢我们民族脸的。"墨索里尼比希特勒得意的是他能操几种语言。这次他用德语讲话。德国听众为之高兴。他说："我这次德国之行是不能用一般的外交或政治访问的标准来加以衡量的……我并不打算明天去什么地方。""一个法西斯主义者一旦和一个人交上朋友，他就会和他一直走到底。"①这话是影射艾登在晋见了希特勒之后，马上又去莫斯科访问之事。当墨索里尼正讲得起劲时，天公不作美，一阵倾盆大雨，把他淋得像只落汤鸡，但他仍站在雨中坚持把话讲完。台下的听众可没有这个耐心，一阵混乱，把"领袖"挤得同他的保镖分开了。这场雨淋后，柏林人很快就诙谐地把"杜切，杜切"喊成"杜舍，杜舍"②。"领袖，领袖"，变成"淋浴，淋浴"了。

墨索里尼对德国"元首"隆重而热烈的欢迎接待，眉开眼笑，十分满意。他的虚荣、自负心理得到了某种满足。29日，墨索里尼动身回国，希特勒前去送行。他对德国"元首"长时间的握手感到为难。法西斯是行举手礼的。希特勒是因为热情还是忘了，那就不得而知了。

墨索里尼返回罗马后不久，意大利正式加入"反共产国际协

---

①保·施密特：《我是希特勒的译员》，第61页；让·巴蒂斯特·迪罗塞尔：《外交史》，第217页。

②Duce是意大利话，音"杜切"，意为"领袖"，专门称呼墨索里尼一人；Dusche为德语，音"杜舍"，意为"淋浴"。

定"。该协定是德、日两国于 1936 年 11 月 28 日签订的。希特勒高兴地叫嚷:"三个国家联合起来了。起初是欧洲轴心,现在是世界的大三角。"

墨索里尼在柏林时,当面邀请"元首"再次访问意大利。他准备以同样的规格来接待希特勒。"元首"接受了邀请,但是在他再度去罗马会见意大利"领袖"以前,先做了个"小动作"。1938 年 3 月,德军突然越过德奥边界,兵不血刃地吞并了奥地利。希特勒是在德军开始进入奥地利国土时,才叫德国血统的意大利国王的女婿黑森亲王捎封长信给意大利"领袖",向他说明采取该项行动的原因。信的开头是这样说的:"阁下,在一个重大的时刻,我要把一个决定通知阁下。在目前的情况下,看来这个决定是必要的,而且是无可改变的了。"脸色苍白的黑森亲王匆匆飞返罗马。墨索里尼尽管心情暴躁,刚愎自用,这次也只好默默地咽下德奥合并既成事实的这颗苦果。除了顺水推舟,他别无选择。因为他心里明白,德国已强过意大利。他让黑森亲王通知元首:"意大利正以完全冷静的态度注视着局势的发展。"

希特勒得知墨索里尼的态度后,如释重负,感激涕零。他去电说:"领袖,对此我将永志不忘。"1938 年 5 月 2 日,距墨索里尼访问柏林刚过半年,希特勒就率领了一个 500 人的庞大代表团前往罗马访问。为了表示对"领袖"的敬意,他还特意佩戴着墨索里尼授予他的"法西斯民兵荣誉队长"的袖章。这次"元首"及其随员带足用品,卧铺包房简直成了演员化妆室,一改 1934 年出访意大利时的那副寒酸相。希特勒、里宾特洛甫一行分乘三列专列,纳粹党头目的大部分都参加了这次"向意大利的进军"。

意大利的接待也是隆重热烈的。国王、"领袖"及其他全班高级官员,几乎是倾巢出动去车站迎接。街上彩旗彩灯,呼喊声震耳欲聋。从车站出来时，墨索里尼忽然从欢迎的行列里不见了。原来希特勒是作为国家元首来访的。从名义上讲，意大利首相之上还有国王。按礼仪规格，应该是国王陪同德国"元首"乘车去下榻的住地。墨索里尼因自己屈居国王之下而不悦，但他克制住了自己的感情。

意大利这次安排希特勒在王宫下榻，而上次却是叫他住在一座蚊子"大如鹌鹑"的 18 世纪的别墅里。这次，意大利"领袖"也是把日程排得满满的，使"元首"既饱了眼福，又饱了口福。但在这种热热闹闹场面背后，墨索里尼多少显得有些忧郁。希特勒明白"领袖"的心病是奥地利问题。为了使这位法西斯盟友对德奥合并一事不要心有余悸，他特意在祝酒时说："巍巍矗立的阿尔卑斯山是大自然、天意和历史造成的。由阿尔卑斯山形成的德意两国的边界，将永远不受侵犯。这是我不可动摇的信念，也是德国人民的神圣的声明。"①这话的背后意思是说，日耳曼聚居的意大利境内的南蒂罗尔仍是意大利的领土，德国不会像对付苏台德区那样，借口民族问题来吞并它。墨索里尼确是对德奥合并快快不乐，但也不敢发作，他已失去了昔日和希特勒讲起话来"屁股会晃动"的那副神气了。他只能在一些小节上背后取笑"元首"。他对女婿说，"希特勒在面颊上擦了胭脂以掩盖苍白的脸色"。国王则干脆说他的德国客人是"心理、生理方面的某种堕落者"。里宾特洛甫抱怨意大利国王对德国"元首"态度傲慢，墨索里尼冷冷地回答说，"告诉元首要忍耐一点"。

在整个访问期间，希特勒、里宾特洛甫竭力寻找机会谋求和墨索里尼、齐亚诺进行一次认真的政治对话。德国人还有话想和

---

①保·施密特：《我是希特勒的译员》，第 61 页。

意大利人谈谈,墨索里尼却缺乏热情。

　　1938 年 5 月,希特勒罗马之行以后,墨索里尼深感自己已无可挽回地和德国"元首"绑在一起了。罗马—柏林这根"轴心"是绕着希特勒转动的;在"世界大三角"中,墨索里尼也只是个小伙伴。

18 在慕尼黑扮演的角色

墨索里尼送走希特勒后,有预感地对齐亚诺说,欧洲"马上就要出现外交危机"。果然,希特勒在奥地利得手以后很快就对捷克斯洛伐克下手了。5 月 20 日,即访问罗马后仅隔十天,希特勒就在德捷边境集结兵力,叫嚷要把"苏台德区"从捷克斯洛伐克分割出去,不然就刀枪相见。捷克斯洛伐克境内居住着 300 多万日耳曼人,多数聚居在德捷交界的捷境一侧的苏台德区。希特勒想利用捷境内的这个少数民族问题来闹事。

捷克斯洛伐克与法国订有"同盟条约"。按条约规定,一旦捷克斯洛伐克的领土和独立受到威胁时,法国有义务提供援助。法国当时执政的是达拉第。在德国威胁面前,法国是寸步离不开英国的。达拉第就跑到伦敦去找张伯伦商量,打算和英国首相一起去会见希特勒。但张伯伦有自己的主意,认为他一个人单独前往好办事。于是把达拉第撇下了。

尼维尔·张伯伦是 1937 年 5 月 28 日继鲍德温出任英国首相的。他是个被希特勒的战争恐怖吓破了胆的软骨头。他认为"除了接受屈辱,没有其他选择"。9 月 15 日,这个 70 岁高龄的老头夹着一把雨伞,生平第一次坐上飞机赶赴慕尼黑,然后换车驰往僻远的伯希特斯加登山间别墅去晋见希特勒。张伯伦洗耳恭听了"元首"软硬兼施的鼓动和威胁后,答应满足他的要求,但要求得回去和他的内阁商量后再正式答复他。张伯伦认为，尽管希特勒是一个残酷无情的人，但"这个人在做了保证之后还是一个可以信赖的人"。他在和内阁，以及和法国政府商量后，炮制了一个把苏台德区"转让"给德国的英法联合草案。"转让"苏台德区后的捷克斯洛伐克新国界，由英法两国"担保"安全。在英法的软硬兼施下，捷克斯洛伐克的贝奈斯政府被迫接受。

9月22日，张伯伦风尘仆仆地第二次乘飞机赶赴德国的戈德斯堡去与希特勒会晤。张伯伦怀着喜悦之情告诉希特勒说，德国割让苏台德区的要求得到了满足了。殊不知，希特勒已摸清了张伯伦的底细，此刻他的行情又涨了。除了苏台德区外，他进一步要求把一切操德语的捷克斯洛伐克的其他地区统统归并德国，并限期10月1日以前解决问题。张伯伦给惊得目瞪口呆。无奈，他只得再次同意希特勒的要求，只是苦苦哀求先不要动手，待他回去后再想办法解决。

张伯伦回到伦敦后，一面加紧伙同达拉第政府逼迫捷克斯洛伐克的贝奈斯政府接受希特勒的要求，同时又想到了墨索里尼，想请他出面调停，通过召开一个国际会议来体面地解决捷克斯洛伐克危机。9月28日，英国驻罗马大使珀思伯爵按张伯伦的指示去见齐亚诺，希望"领袖运用他的影响劝说希特勒先生"接受张伯伦的建议。

墨索里尼对希特勒把自己视为"小伙伴"的角色十分恼火，在奥地利问题上，德国"元首"搞了个既成事实，逼他吞下一颗苦果；在捷克斯洛伐克问题上，"元首"又滴水不漏，不但不提供任何消息，而且连个招呼也不打。他向齐亚诺发牢骚说："关于在捷克斯洛伐克问题上的打算，德国人对我们简直守口如瓶。"而今英国人又要他出来扮演国际调停者的角色，那是再乐意不过的事了。于是他马上打电话给意大利驻柏林大使伯纳多·阿托利科，指示他去见希特勒，请希特勒在24小时内不要动手，以便进一步考虑英国人的建议。令墨索里尼十分得意的是，不但英国人来求他，而且美国大使、法国大使都来求他，请他出面规劝希特勒，"拯救世界和平"。墨索里尼有些飘飘然了。

这时的希特勒，尽管气势汹汹，陈兵德捷边境，但他的处境不是很妙的。国际舆论对他不利；国内陆、海、空三军将领因准备不足也不主张马上动手，多次向"元首"提出警告。因此，希特勒也来了一个顺水推舟，同意举行国际会议来解决危机。就在接到墨索里尼电话的当天下午，希特勒通知张伯伦、达拉第，建议第二天，即9月29日在慕尼黑召开国际会议，条件之一是墨索里尼必须亲自参加。宰割弱国捷克斯洛伐克命运的慕尼黑会议就这样匆匆决定了。

墨索里尼在接到开会的通知后，就洋洋得意地带着齐亚诺一行人连夜动身。在去慕尼黑的列车上，他和记者谈笑风生，对什么问题都大发宏论。第二天，墨索里尼的专列抵达德奥边界。希特勒已等在那里了。墨索里尼和齐亚诺爬上希特勒的专列直奔慕尼黑。

1938年9月29日下午，希特勒、墨索里尼、张伯伦、达拉第"四巨头"参加的臭名昭著的慕尼黑会议在"元首大厦"开始了。会上，墨索里尼一本正经地提出一份解决苏台德区问题的"建议草案"。张伯伦、达拉第都竭力去迎合他的建议。希特勒对他的法西斯盟友也奉承一番，而心中却暗暗发笑。因为所谓的墨索里尼的建议，其实是他的戈德斯堡备忘录的翻版，而具体文字则是由戈林、牛赖特、威兹萨克炮制的。墨索里尼是在临上火车前才收到从柏林发来的"自己"的这份"建议草案"的。

在会议进行过程中,希特勒的动作似乎在模仿墨索里尼。法国驻德大使弗朗索瓦·庞赛描写说:"希特勒站在他(墨索里尼)旁边,目不转睛地凝视他,被他的魅力所折服,好像被他弄得神魂颠倒。领袖大笑,元首也大笑;墨索里尼眉头一皱,希特勒也跟着眉头一皱。"①其实庞赛是误解了。希特勒之所以模仿墨索里尼的动作,是由于语言上的隔阂造成的。在四国首脑中,希特勒只会讲德语,达拉第略懂一点意大利语,张伯伦也只会讲几句法语,而墨索里尼除了本国语言外,能讲法语、德语,还会几句英语。希特勒听不懂,当然只好模仿"领袖"的反应。

慕尼黑会议从 29 日中午一直进行到深夜。除了在几个枝节问题上争吵一番外,其主要条款都是按墨索里尼的"建议书"定下来的。《慕尼黑协定》共 8 条,主要内容是规定捷克斯洛伐克必须从 10 月 1 日起的十天内将苏台德区及其一切设备无偿地移交给德国。签字时已是 30 日凌晨一时半。由于这帮人都已筋疲力尽,协定文件上原来印着的 9 月 29 日这个日期也未予改动。签字后,关在门外的两名捷克斯洛伐克代表被带到会议室,被告知说,这是一个"无权上诉和不能修改的判决书"。这时,张伯伦、达拉第之流连连打着呵欠,他们毫不掩饰自己的困倦样子。一个国家,一个民族就这样被几个强盗出卖了。人们应该记住 1938 年 9 月 29 日,不,9 月 30 日这个日子。

在慕尼黑会议上,墨索里尼又给希特勒帮了个大忙。30 日 7 时半,"领袖"动身回国时,"元首"破例不睡懒觉,前往车站送行。墨索里尼像"英雄"般地凯旋回国了,国王也前往佛罗伦萨迎接。在罗马,有人临时竖起了一个拱门,上面写着"制服罗马"4 个大

①特·泰勒:《慕尼黑:和平的代价》(上),第 74 页。

字。墨索里尼看后大发其火。他质问道:"是谁建造的这个拱门?是谁出的这个荒谬主意?"

墨索里尼的独裁者的虚荣心理在慕尼黑得到了补偿。但他的心病并未除掉。他自己心里也很明白他所扮演的是什么角色。是谁确实把罗马"制服"了呢?也许他自己也在心里这样问。

19 捷足抢占阿尔巴尼亚

德国军队在吞并奥地利和夺取苏台德以后，于 1939 年 9 月，又进占波希米亚，捷克斯洛伐克完全被踩在纳粹铁蹄之下。墨索里尼环顾四周，不禁忧心忡忡。他现在发现，"普鲁士的霸权业已确立"。他认为，包括意大利在内的其他所有国家联合起来，"可以遏制但不能消除德国的扩张"。但是，他又不甘心希特勒步步得势，而自己却一无所得。他想找一个牺牲品来弥补自己的"吃亏"。阿尔巴尼亚被他选中了。他认为此时意大利侵占阿尔巴尼亚，"既不会遭遇到局部障碍，也不致引起严重的国际纠纷"。于是墨索里尼于 3 月 15 日授权齐亚诺致电意大利驻地拉那公使雅科莫尼，令其"准备地方暴动"，而他自己则直接命令海军，叫第二舰队在南部的塔兰托港待命。齐亚诺也认为，"德国的霸权目前已渐具令人不安之势"，而意大利"进入阿尔巴尼亚足以提高国民士气，足以成为轴心国之有效成果"。①

意大利一直对阿尔巴尼亚怀有野心。1921 年国际联盟在承认阿尔巴尼亚独立之后，又委托意大利"保护"阿尔巴尼亚的"领土主权的完整"。墨索里尼上台后，害怕别人染指阿尔巴尼亚。他企图通过签订通商条约和开发资源来加强对阿尔巴尼亚的控

---

① 加莱阿佐·齐亚诺：《齐亚诺日记》，第 90、91 页。

制。1925 年,意大利和阿尔巴尼亚签订了"通商条约"。自此,墨索里尼一直牢牢地控制着阿尔巴尼亚,视这个国家"为意大利的另一个省"。1925 年,在墨索里尼的支持下,阿赫梅特·索古宣布自己为阿尔巴尼亚共和国总统。1928 年,索古又宣布自己为阿尔巴尼亚的国王。

尽管墨索里尼想立即进攻阿尔巴尼亚,但他还有顾虑。主要是一怕力不从心,担心入侵会遇到顽强抵抗,而此刻意大利尚有相当大的一支兵力仍被拖在西班牙;二怕希特勒插手。因此他指示齐亚诺说:"关于阿尔巴尼亚,我们必须等待两件事:解决西班牙问题;与德国结盟。同时,我们必须散布各种谣言,我们必须像章鱼一样把水染黑。"根据"领袖"的指示,齐亚诺马上指使雅科莫尼务必使阿尔巴尼亚的"民众骚动持续下去……继续把水搅浑,以便不让人们得知我们的真正意图"。①

阿尔巴尼亚国王索古也逐渐看清了自己的危险处境,他明白自己的王位某种程度上取决于意大利和南斯拉夫、希腊的关系。而意大利十分害怕巴尔干各国联盟。因此,索古一度想和南斯拉夫、希腊结盟,以此来牵制意大利。但南、希两国反应冷淡。无奈,索古只好转而对意大利表示臣服,希望"重新建立最真诚的关系"。他不断地向意大利"表示友好",致以"兄弟般的问候"。墨索里尼没有理他。齐亚诺讥讽索古说:"其实幕后人谁也不曾开腔,只不过戏延期开演罢了。"

墨索里尼之所以延期入侵阿尔巴尼亚,另一个原因是担心南斯拉夫因此而离开意大利。墨索里尼也想控制南斯拉夫,此刻正勾结叛徒马特切克妄图把克罗地亚从南斯拉夫分裂出去。如

---

①加莱阿佐·齐亚诺:《齐亚诺日记》,第 74~76 页。

果意大利人逼得太紧，南斯拉夫摄政王保罗有可能直接投入希特勒的怀抱。而德国人对南斯拉夫和阿尔巴尼亚的兴趣,只是从全球战略利益考虑,不敢与墨索里尼拆伙。因为维持德意的"轴心"关系,对希特勒的全球战略来说,是至关重要的。这一点,希特勒看得很清楚,对墨索里尼的企图,他不敢硬顶,只是婉言相劝:"如果想大干一场,最好再等两年。"而墨索里尼也摸清希特勒的心思,就想方设法"阻止德国人涌进与我们(意大利)休戚相关的地区"。他说:"谁也不容许亚得里亚海出现纳粹的卐字旗。"齐亚诺按照岳父的旨意,于 3 月 17 日接见德国大使,提醒他说:"元首曾经对我和领袖说过,德国人对地中海不感兴趣;正是基于这一前提,我们制定了轴心政策。如果不坚持该项前提,轴心则将解体,德国干涉克罗地亚各项有关问题也将导致失败。"①这是正告希特勒不要侵犯意大利在地中海地区的势力范围。

希特勒此刻当然不能和这位法西斯盟友闹翻,因此过了 3 天就传来了回音。3 月 20 日,德国大使转告齐亚诺说:"德国对克罗地亚的命运不感兴趣,承认意大利的优先地位。"他重申:"地中海不是德国海,不可能成为德国海,也不应当成为德国海。"②

这天上午墨索里尼还在大骂德国人,晚上听到希特勒的回音以后,马上喜形于色,态度来了一个 180° 的大转弯。前不久,为了向德国施加压力,墨索里尼有意邀请赖伐尔前来罗马访问,以示法意接近。这时他马上通知取消赖伐尔的来访,说此行"将只是为他大做广告,此外毫无用处"。同时他又重申德意友好,

①加莱阿佐·齐亚诺:《齐亚诺日记》,第 92 页。
②加莱阿佐·齐亚诺:《齐亚诺日记》,第 95 页。

说:"我们不可能改变政见,因为我们毕竟不是娼妓。"

关于进一步在轴心国之间建立军事同盟的问题,最早是希特勒提出来的,墨索里尼犹豫过。后来他看到希特勒能照顾他在地中海的利益,就转而持积极的态度,只因日本态度暧昧,所以未能在他入侵阿尔巴尼亚前签订,但"元首"的态度已叫他放下心来了。

德国人插手的顾虑打消了,墨索里尼只待西班牙问题能早些解决。一旦从西班牙腾出手来,他就可以在阿尔巴尼亚放心大干了。

1939年3月24日,墨索里尼命令雅科莫尼去见索古国王,"要求意大利对阿尔巴尼亚正式实施保护",理由是说"德国向巴尔干推进,致使采取此项行动成为绝对必要"。[①]这是十足的歪理,但从这里也可看出墨索里尼走这一步确有和希特勒对着干的成分。3月25日,雅科莫尼以最后通牒形式向阿尔巴尼亚提出一份条约草案。主要内容是:允许意大利军队在阿尔巴尼亚主要港口登陆;允许意大利军队控制阿尔巴尼亚的战略要道、边境据点和机场;建立意大利移民区;意大利人有权担任阿尔巴尼亚最重要的公职;政府各部的秘书长应一律由意大利人担任;等等。[②]这是一份彻头彻尾的亡国书,连国王索古也不敢在这份亡国条约上签字。

而这时墨索里尼所等待的"西班牙问题解决"的日子也来了。1939年3月28日,德意军队伙同佛朗哥的叛军攻占马德里。这使法西斯头目喜不自胜。齐亚诺欢呼:"这是法西斯新的辉

---

①丹尼斯·马克·史密斯:《墨索里尼的罗马帝国》,第152页。

②克·弗拉舍里:《阿尔巴尼亚史纲》,第353页。

煌胜利,或许是迄今为止的最大胜利。"这一天,法西斯分子在罗马威尼齐亚广场示威游行,庆祝法西斯攻占马德里。墨索里尼得意忘形,指着翻开的地图上的西班牙那一页说:"地图这样翻着差不多已经3年了。够了。我已知道必须翻到另一页了。"①他心目中的另一页就是阿尔巴尼亚。

墨索里尼和希特勒一样有选择入侵时机的才能。他决定把入侵阿尔巴尼亚的日期定在4月份的第一周。这恰好是阿尔巴尼亚王后一个婴儿的预产期,而4月7日又恰好是耶稣受难日。这是趁人不备的理想入侵日期。

3月31日,墨索里尼任命古佐尼为入侵阿尔巴尼亚远征军总司令。4月2日,意大利获悉阿尔巴尼亚王后即将临产。齐亚诺命令利用夜间在地拉那制造恐怖。而在这一天,墨索里尼则下令派一百架飞机去地拉那、都拉斯和发罗拉上空飞行示威。4月3日凌晨,阿尔巴尼亚王子呱呱落地,而同一时刻齐亚诺则受命从罗马动身飞往阿尔巴尼亚去收拾国王和新生的王子了。

4月7日,古佐尼的4万人的入侵部队在都拉斯、发罗拉等阿尔巴尼亚主要港口登陆,机场也被迅速占领。入侵计划未遇到什么阻碍。国王索古带着刚出生的王子逃往希腊。4月8日,齐亚诺出现在地拉那。他煞有介事地向穷人分发一点钱财,并下令释放阿尔巴尼亚国王关押的全部政治犯。齐亚诺这样做的目的是想平息阿尔巴尼亚人民的怒火,改变入侵者的形象。他亲眼看到,因为独立的阿尔巴尼亚不复存在了,许多阿尔巴尼亚"爱国者眼里怒火熊熊,热泪滚滚"。

4月12日,阿尔巴尼亚的所谓"制宪会议"宣布意大利国王

---

① 加莱阿佐·齐亚诺:《齐亚诺日记》,第100页。

维克多·伊曼纽尔三世为阿尔巴尼亚国王。16日,授予阿尔巴尼亚王冠的仪式在罗马王宫举行。在献冠时阿尔巴尼亚卖国贼显得神情沮丧,举止失措。维克多·伊曼纽尔三世虽然又多了一顶王冠, 但他的权势并未增添一分。因此他在致答辞时,"语句含糊,声音颤抖"。而这位身材矮小的意大利国王坐在镶金的大王座上, 显得很不相称,旁边却屹立着一座巨大的墨索里尼大铜像。这出丑剧的导演是意大利"领袖"。

　　墨索里尼顺利地侵占了阿尔巴尼亚,希特勒也只好承认既成事实。为了牢牢拴住这位法西斯盟友,他进一步口是心非地鼓励"领袖把阿尔巴尼亚变成无情统治巴尔干各国的据点"。墨索里尼也颇聪明,他想进一步缩在德国之鹰的卵翼下去猎取自己的猎物,因此他指示齐亚诺:与德国拟议中的结盟工作要加快步伐。

20 钢铁同盟

签订一项轴心国的军事同盟条约是德国提出来的。早在1938年的慕尼黑会议上，冯·里宾特洛甫就曾向墨索里尼和齐亚诺提过这个问题。该年的10月28日，他访问罗马，再次正式提出这个问题，并暗示可能到1939年的9月就要同西方国家打仗。这时，墨索里尼头脑还比较冷静，不愿被"元首"一味地拖着跑，因此没有马上答应，主要理由是意大利尚未做好大战的准备。

随着德国入侵波兰的日期愈益临近，德国最高参谋部人员也急着催希特勒赶快与意大利结盟。凯特尔报告说，要打仗就得当机立断，要不然意大利人就不会参加了。

意大利军队顺利地侵占了阿尔巴尼亚后，墨索里尼已消除了他因德国人屡次使用武力而没有通知他的屈辱感，独裁者的心理上又得到了某些满足。况且德国"元首"也一再表示，地中海是意大利海，而不是德国海，因此又一次改变主意，决心和德国正式结盟，但他还要讨价还价。

希特勒趁热打铁，就在授予意大利国王维克多·伊曼纽尔三世以阿尔巴尼亚王冠的4月16日，他派戈林飞赴罗马，试探具体缔约问题。为了"消除墨索里尼的忧虑"，戈林再次保证，"德国对巴尔干没有野心"；为了壮意大利"领袖"的胆，戈林又透露说，

"德国已经拥有成批生产的远距离轰炸机,可以用来进攻英国"。这一招虽给墨索里尼留下深刻的印象,但他却说:"欧洲战争是不可避免的,只是选择一个适当的时机问题。""领袖"的思想又有点反复了。戈林明白眼前"在阿尔巴尼亚所发生的事情意味着什么,因此要不惜一切代价阻止意大利再发挥主动性"。他欺骗说,1942年、1943年前不会有大的军事行动,"希特勒尚没有进攻波兰的计划"。墨索里尼顺水推舟,说"在未来的二三年内他也没有特别的打仗计划"。①双方都在摸底,真真假假,由于双方都留一手,因此戈林此次罗马之行没有解决任何具体问题。

4月20日,意大利驻德国大使阿托利科向罗马报告说,德国对波兰的行动已"迫在眉睫"。墨索里尼害怕再次被希特勒弄得措手不及,就催促阿托利科赶快安排里宾特洛甫和齐亚诺会晤。

5月6日,冯·里宾特洛甫抵米兰与齐亚诺会谈。开始,德国外长也只期望签订一项一般性的友好条约,希特勒指示他要避免承担任何允许意大利把德国拖入战争的义务。墨索里尼好像也尚未拿定主意,直到5月5日他还在私下暗示说:"法国提供一份丰厚的奉献就能把意大利从轴心中解脱出来。"意大利外交官们显然也感到5月6日不会有什么耸人听闻的事情发生。可是,就在5月6日傍晚,墨索里尼突然给在米兰谈判的齐亚诺打了一个电话,"命令他马上和德国签订一项同盟条约"。据说,独裁者老是喜欢搞这种突然袭击,制造一些出人意料的耸人听闻的事情,叫人捉摸不透,以显示他那"超人"的思想和行为。齐亚诺私下对他岳父"草率地在最后一分钟做出决定"的做法表示不

---

① 丹尼斯·马克·斯密思:《墨索里尼的罗马帝国》,第162页。

悦。他在和里宾特洛甫谈判时仍暗示，意大利"可能入侵希腊，或许还有其他巴尔干国家"，但还需"3 年的准备时间"。出乎意外的是，里宾特洛甫马上表示说："德国完全同意。"①德意缔结军事同盟条约一事就这样拍板成交了。

5 月 20 日，齐亚诺动身前往柏林。22 日，在排场豪华的总理府和里宾特洛甫签订了所谓的《钢铁同盟》。但在签字的前几天，墨索里尼又抢先公开宣布，在德意之间"马上要产生一项不可分割的联盟"。在《钢铁同盟》问题上，意大利"领袖"一再出人意料地做点小动作，实在是在表演"宣传绝技"。而私下他却对一个部下说，"不会有实际结果的"。而希特勒和墨索里尼不一样，他很看重《钢铁同盟》。他认为，通过这个军事同盟就把墨索里尼的命运进一步和自己拴在一起了。

为了讨好德国，意大利授予里宾特洛甫一枚阿农齐亚塔勋章。戈林看到这枚勋章挂在里宾特洛甫的脖子上，不禁妒火中烧，"眼中含泪"。他曾大吵大闹，声称这枚勋章应归他，因为他才是结盟的真正促成者。齐亚诺告诉德国大使说，他"尽力为戈林谋取一枚勋章"。这是签字仪式上的插曲。其实，这枚勋章倒是应归墨索里尼，因为他要弄"宣传绝技"，才一下子使《钢铁同盟》顺利产生。

《钢铁同盟》规定："如果缔约一方的安全或其他重大利益受到外来的威胁时，缔约另一方将给予受威胁一方充分的政治上和外交上的支持，以消除该威胁"；"如果……双方中一方被卷入同其他一国或数国的战争混乱，则缔约另一方将作为一个同盟国立即予以协助，并以陆、海、空军队支援"；"缔约双方现即保证

①丹尼斯·马克·斯密思：《墨索里尼的罗马帝国》，第 163 页。

万一共同作战时，对于缔结停战协定或和约，彼此必须完全一致"。①

签字完毕，一回罗马，齐亚诺就在自己的日记里评论说："这个条约在德国比在意大利更得人心。"他还说："仇恨法国未必就增加对德国的爱情。"当齐亚诺回到罗马时，意大利国王维克多·伊曼纽尔三世破例向齐亚诺发电报说："从 1900 年至今，我从未向大臣发过电报。我相信，为表达本人之深情，破例亦在所不惜。"国王在电报中嘲弄德国人说："他们有求于我们时彬彬有礼，甚至奴颜婢膝，然而一有机会，必暴露出其十足无赖之原形。"②国王是在嘲弄德国人，他对德国一直不怀好感。在这一点上，他和齐亚诺有某些共同语言。因此他这一着也是对"领袖"表示某种不满。国王原拟授予齐亚诺侯爵称号，但被墨索里尼阻止了。

齐亚诺向"领袖"汇报柏林之行，墨索里尼再三表示满意。齐亚诺觉得岳父的这种态度"实为罕见"。后来事实证明，墨索里尼确实是照他所说的"不会有什么实际效果"的那样去做的。打开头，他就没有遵守前一条，到结局的时候他也没有遵守后一条，然而他毕竟被希特勒又一次拴住了。

---

①《国际条约集》(1934—1944)，第 219 页。
②加莱阿佐·齐亚诺：《齐亚诺日记》，第 131、132 页。

21 临阵溜走

德意签订《钢铁同盟》以后，希特勒就加快了战争车轮的转动。他预定实施"白色方案"、进攻波兰的日期是 1939 年 9 月 1 日。因此签订《钢铁同盟》后的 6、7、8 三个月，欧洲形势极度紧张，出现了一场惊心动魄的外交战，其错综复杂的程度，实为历史上所罕见。英法一面同苏联公开谈判，压德国让步；另一方面英国又暗中与德国勾搭，讨价还价，企图谋求妥协，唆使德国东进，以保护自己。德国竭力破坏英法与苏联的关系，因此它一面与英法暗中谈判，牵制英法；另一面它又争取同苏联暂时妥协，以免东西腹背受敌。苏联眼看英法毫无结盟的诚意，又鉴于慕尼黑叛卖的教训，就利用矛盾，在与英法公开谈判的同时，也与德国保持接触。在这种公开与暗中、台上与台下交叉进行的令人眼花缭乱的三角外交战中，希特勒是为他的战争计划扫清道路，张伯伦、达拉第是为了损人利己、祸水东引，斯大林则是为了争取时间、保卫自己。

正当欧洲的外交战紧张地进行之际，那位以老大自居的意大利独裁者却被丢在一旁。他心急如焚，害怕德国"元首"把他拖入一场他还没有做好准备的战争。7 月 6 日，意大利驻德大使阿托利科向罗马发回的一份情报，更令墨索里尼焦躁不安。阿托利科报告说，里宾特洛甫告诉他，"如果波兰胆敢攻击但泽的话，德国将在四十八小时以内在华沙解决但泽问题！如果法国居然为但泽而出面干涉，从而掀起大战的话，也随它去，德国没有比这高兴的了。这样法国就会被消灭。如果英国敢蠢动的话，结果将是大英帝国的覆灭。俄国呢？它马上就会签订一项德俄条约，俄国决不会出兵。美国呢？元首的一篇演说就足够把罗斯福打败了"。[①]与英法公开打仗，墨索里尼认为条件尚不成熟；与苏联握手缔约，他不愿意。归根结底，他认为此时开战，轴心国不能稳操胜券。1939年8月6日，他与外交大臣讨论形势，清楚地反映出他的这种忧虑。他们认为，"跟着德国人，我们就会走向战争，而且会在最有利于轴心国，最有利于意大利的情况下参战。但我们的黄金储备已近枯竭，钢铁储备也将耗尽，远未完成在独裁政治和军事方面的准备工作"。[②]在这种形势下参战，墨索里尼认为"胜利的可能性只有50%"。

由于对形势做出如此的估量，墨索里尼觉得必须寻找一条出路，于是他想找德国"元首"谈谈。7月24日，他把自己的想法通过阿托利科转告了希特勒。他告诉"元首"说，如果现在开战，意大利将站在一旁。此刻，希特勒的心思主要集中在对付英法和苏联身上，相比之下意大利是他最不在乎的国家，因此对意大利"领袖"提出的要和他再次会晤的要求，反应冷淡。无奈，墨索里尼只好降格，改派齐亚诺赴德国与里宾特洛甫会晤。

8月11日至13日，齐亚诺先在萨尔斯堡与里宾特洛甫会晤，后又在上萨尔斯堡的柏格霍夫会见希特勒。临行前，墨索里尼破例为女婿亲自草拟了一份会谈提纲，要求他直率地告诉德

---

①威廉·夏伊勒：《第三帝国的兴亡》，第707页。
②加莱阿佐·齐亚诺：《齐亚诺日记》，第162页。

国人，"必须避免与波兰发生冲突，因为不可能使冲突局部化，而全面战争对谁都是一场大祸"。齐亚诺遵照岳父的嘱咐，把上述想法坦率地转告德国人，但无论是里宾特洛甫还是希特勒却都置若罔闻，无动于衷。希特勒的主旋律是"一切应归罪于英国"。副歌是"应狠狠教训波兰人。民主国家不及德国强大，他们不会打仗"；"第三帝国在军事上和技术上的优势比比皆是"。①希特勒还认为，"大战必须趁他和领袖年纪还轻时进行"。他已决心要打，而且马上要动手了，所能容忍的最后期限是 8 月底。齐亚诺看出德国人"已被毁灭的魔鬼迷住了心窍"。令他感到伤心的是，德国人根本不把意大利放在眼中。他说："我开始意识到，我们在德国人的心目中是多么渺小"。②

从齐亚诺的态度中，希特勒也看出，他不能再指望墨索里尼和他齐步行动了。但是，他仍想拴住"领袖"不放，因此临别时又对意大利独裁者大加奉承一番。他说，他个人感到十分有幸"生在这样一个时代，除了他自己以外，还有另一个政治家作为伟大而独特的人物而名垂青史。他能同这样一个人交朋友是他个人极大的幸福。当共同战斗的时刻到来的时候，不论发生什么情况，他都将永远在领袖的左右。"③希特勒十分需要墨索里尼做他战争的伴侣。

齐亚诺碰了一鼻子灰，带着对德国人"厌恶的情绪"回到罗马。他向"领袖"汇报了萨尔斯堡的会谈情况。听了汇报，墨索里尼又踌躇起来了。赌徒的心理又支配着他，令他心情矛盾，变化

---

①保·施密特：《我是希特勒的译员》，第 123 页。
②加莱阿佐·齐距诺：《齐亚诺日记》，第 164、165 页。
③威廉·夏伊勒：《第三帝国的兴亡》，第 713 页。

无常。一方面,他害怕盲目地跟着德国"元首"走将导致和英法正面冲突,而意大利的困境不容许他这样做;另一方面,他又不甘心德国人可能独占的一桩便宜的好买卖,因为英法也许可能和对待苏台德问题一样,再次向希特勒屈服,坐视波兰的灭亡;再有一点,他又担心背离德国人会损害他的"高大形象",因为德意签订了《钢铁同盟》,如果在战争面前畏缩不前,那他在世界舆论面前岂不显得胆怯?"爬上两千米高的云层也是枉然。也许我们离天上的上帝近了,可是我们离凡人肯定远了。"墨索里尼这句话反映了他进退两难的困境。齐亚诺也看出,"领袖"是被德国人拴住了。

怎么办呢?墨索里尼想投机。他认为,"民主国家作出让步虽有困难,但仍有可能。在此情况下,我们不宜捍卫德国,因为我们也须获得自己的一份战利品。因此,有必要寻求一项适合下列条件的解决方案:(1)如果民主国家进攻,我们应能体面地摆脱德国人;(2)如果民主国家一味忍让而不反击,我们则应借此机会和贝尔格莱德清算总账"。这是墨索里尼的如意算盘。出于这样的考虑,他要阿托利科向里宾特洛甫表示:"如果民主国家投身于战争熔炉,意大利将不顾一切与德国在一起。"①他的潜台词是:准备"体面地摆脱德国人"。

齐亚诺对他岳父的"苦心"多少有点不领会,因此他争辩说:"领袖,你不能这样做,万万不能这样做……为了一项共同的行动方针,我到萨尔斯堡去,我发觉自己面临的是绝对命令。背弃盟约的是德国人而不是我们自己。我们在盟约中应是伙伴而不是仆从。撕毁那个盟约吧,当着希特勒的面扔掉它,欧洲将公认

临阵溜走

———————————
①加莱阿佐·齐亚诺:《齐亚诺日记》,第 166、167、168 页。

你为反德十字军的天然领袖。你是否想让我再去萨尔斯堡？那好，我就去，我去把应当讲给德国人的话讲给他们听听。"①经女婿这番挑动，墨索里尼的态度又往回摆了一下。他同意齐亚诺再去会晤里宾特洛甫。

8月21日，齐亚诺给里宾特洛甫挂了个长途电话，要求在意奥边境的勃伦纳山口与他会晤。纳粹外长回答说，他不能马上答复，因为他"在等候莫斯科的重要消息"。原来苏德接触已到了最后的紧要关头。20日，希特勒以个人名义打电报给斯大林，强调德、波的"紧张关系已经达到不可容忍的程度"，要求德国外长提前于8月22日或23日到莫斯科访问。8月21日，斯大林回电通知希特勒，同意德国外长于8月23日来莫斯科访问。就在接到斯大林回电的当天晚上，里宾特洛甫给齐亚诺回话说，他正要动身去莫斯科签署《苏德互不侵犯条约》，拟在赴苏途中与他碰下头。墨索里尼得悉后，认为暂不宜与里宾特洛甫会晤，待他从莫斯科回来后再说。

8月23日下午，冯·里宾特洛甫带着希特勒的全权证书抵莫斯科后，立即和莫洛托夫、斯大林会谈，当天夜里就签署了《苏德互不侵犯条约》。条约规定：缔约双方保证不单独或联合其他国家彼此间施用武力，进行侵略或者攻击；缔约国之一，如与第三国交战，另一缔约国决不支持第三国；缔约国双方，决不参加任何直接或间接反对缔约国另一方的国家集团……②《苏德互不侵犯条约》的签订使欧洲力量的对比立刻发生了有利于德国的变化，希特勒解除了两面作战、腹背受敌的忧虑。他决心按原计

①加莱阿佐·齐亚诺：《齐亚诺日记》，第170页。
②参阅《国际条约集》(1934—1944)，第226、227页。

划，即 9 月 1 日入侵波兰。希特勒之所以要抓紧时机发动战争，除了种种国内外的原因以外，还和他本人及墨索里尼的个人因素有关。他说："从根本上说，一切都决定于我，决定于我的存在，原因就在于我的政治才能……我的存在因此就具有极大的价值，但是任何时候我都可能被一个罪犯或者一个疯子干掉。第二个个人因素是意大利领袖。他的存在也是决定性的。要是他有个三长两短的话，意大利对这个联盟的忠诚就不再靠得住了。"①

正因为希特勒如此器重"领袖"，因此他十分关心墨索里尼对《苏德互不侵犯条约》的反映。从罗马传来的消息说，墨索里尼的态度不妙。意大利"领袖"认为，如果德国进攻波兰，就破坏了《钢铁同盟》，因为盟约规定在 1942 年前不投入战争；而目前一旦战争爆发，意大利将首当其冲，承受全部重担，而德国却可乘机收拾东方的残局。8 月 25 日，希特勒匆匆给墨索里尼发去一信，暗示说他马上要进攻波兰了，请求取得"意大利的谅解"。他急不可待地等待着墨索里尼是否"谅解"的回音。

墨索里尼担心简单的回绝可能招致"德国人的严厉非难"，因此他先对《苏德互不侵犯条约》表示"完全同意"，对波兰问题表示"谅解"，随后言归正传说："在我一生最痛苦的时刻，我不得不通知你，意大利没有做好战争准备。如果能提供我们一切所需的物资和原料，我们则参战。"希特勒的译员说，"这封信好像一颗炸弹爆炸"，"元首对这位盟友的突然背叛毫无思想准备，失望之至"。希特勒则斥责道："意大利人的行为只是 1914 年的翻版。"②但他强压住怒火，继续叫墨索里尼把所需物资的清单开来。

---

①威廉·夏伊勒：《第三帝国的兴亡》，第 736 页。
②保·施密特：《我是希特勒的译员》，第 137 页。

8月26日,墨索里尼把清单开给了希特勒。在一年内,要求德国提供700万吨石油、600万吨煤、200万吨钢、100万吨木材、150门高射炮等。总计达1700万吨物资,需17000辆卡车运送。墨索里尼在信中故意写道:"元首,如果当初按照我们以前商定的办法,让我有时间来积累物资和加快自给自足的速度,我现在就不会向您提出这份清单,即使提出,项目也会比这少,数字也会小得多。"这无疑是故意刁难希特勒。齐亚诺也承认,"这份清单足可弄死一头公牛——如果公牛识字的话"。

但是,此刻离德国入侵波兰只有五天了,希特勒害怕他的盟友在最后关头拆他的台,因此不到三个小时就马上给他复了一封长信,说意大利提出的某些要求,如煤、钢可以如数提供,但许多其他物资很难满足要求。希特勒也明白这位盟友不会和自己并肩前进了,但要求他在三个问题上帮个忙:非万不得已不公开意大利的中立决定;为了牵制英法,意大利应继续进行战争准备;向德国输送农业工人和产业工人。希特勒如此迁就墨索里尼,实在是出于无奈,因为他要继续把意大利独裁者拴住;墨索里尼采取此种不协调的行动,是力不从心,也是出于无奈。他给希特勒复信说:"在这行动的时刻,我出于非我力所能及的原因而不能给您真正的支援,此种心情,阁下当可想见。"齐亚诺描述当时他的岳父的心情说:"他那军人的本能和荣誉感将把他引向战争。现在理智阻止了他。但这使他万分难受。"①

第二天,27日,希特勒又给墨索里尼发去一信,再次恳求他在关键时刻不要拆台。他说:"先决条件是意大利不应使外人知道他所打算采取的态度,至少在战争开始以前应当如此。因此我

---

① 加莱阿佐·齐亚诺:《齐亚诺日记》,第175页。

诚恳地请求您的报纸和其他手段在心理上支持我们的斗争。我还要请求您，领袖，如果有可能的话，就在军事上采取示威性措施，至少要牵制一部分英法军队，即使不能如此，无论如何也要使他们狐疑不定。"①墨索里尼答应保守秘密。在三天以内，墨索里尼迫使希特勒给自己写了四五封信。

墨索里尼这样干，是他幻想再充当一次慕尼黑会议上的那种"调停人"的角色，以抬高自己的威望并从中渔利。齐亚诺说："他嘴上不想说出'中立'的字眼，但心中肯定想着了中立。他甚至于开始希望，这场战争将在别的国家长期艰苦地打下去，造成流血牺牲，因为他看到我们可以从中渔利。"②希特勒尽管对他有所求，但决不让他再扮演此种角色了，他回答说："领袖，我才不愿意让您冒险充当调停人。"

9月1日，希特勒入侵波兰，第二次世界大战爆发。墨索里尼临阵畏缩。这天清晨，他打电话给驻德大使阿托利科，嘱他立刻去见希特勒，要求德国"元首"马上给自己发份电报来，解除他对《钢铁同盟》所承担的义务，要不然他就会面临英法大军进击的危险。"他不愿意让德国人，也不愿意让意大利人把他看作是赖赌账而溜走的人。"③希特勒无奈只好满足这位不忠诚的盟友的要求，回答说德国"不需要从意大利获得军事援助"。而在头天晚上，墨索里尼早已偷偷通知英法，"意大利政府已经做出决定，意大利不会同英国和法国作战"。这一步是背着希特勒干的。

在内政方面，自"领袖"宣布不介入战争后，民众普遍表现出宽慰的心情，而对不久前宣布局部动员，则普遍流露出惊恐和不

①威廉·夏伊勒：《第三帝国的兴亡》，第788、789页。

②加莱阿佐·齐亚诺：《齐亚诺日记》，第177、178页。

③加莱阿佐·齐亚诺：《齐亚诺日记》，第181页。

满情绪。另一方面,法西斯党内的亲德派,如法西斯党的书记阿基莱·斯塔拉塞、陆军副大臣阿·帕里亚尼、大众文化大臣迪诺·阿尔菲耶里等则企图逼使"领袖"反对齐亚诺,加快介入战争的步伐。为了平衡各派势力,墨索里尼于1939年10月间对内阁、军队、法西斯党的领导层做了局部调整。他把斯塔拉塞调任法西斯民兵参谋长,而把法西斯党书记的职务让给齐亚诺的亲信埃托雷·穆蒂。在内阁中,外交大臣齐亚诺、司法大臣格朗迪、海军大臣卡瓦尼亚里、教育大臣博塔伊、财政大臣雷韦尔等继续留任,把不听话的陆军副大臣帕里亚尼、空军副大臣朱译培·瓦莱、大众文化大臣阿尔菲耶里、外贸和通货大臣瓜尔尼埃里调走,分别由索杜、普里科洛、帕沃里尼和里卡迪接替。在总司令部,巴多格里奥元帅留任总参谋长,而把帖里亚尼的权力分给杜索和鲁·格拉齐亚尼,杜索任陆军副大臣,格拉齐亚尼任陆军参谋长。他警告上下说:"必须沉默、警惕、勤勉,不要在船的航向问题上与领航员纠缠。"①

在希特勒挑起侵略战争的关键时刻,墨索里尼就这样"赖赌账"溜走了。他宣布意大利采取"非交战"态度,与德国保持"盟友"关系,与英法保持"非战"关系,两面讨好。但希特勒料定墨索里尼的这种"非战"态度是不能持久的,最终他还要和自己走到一块来的。

---

① 阿·托因比、维·M.托因比:《轴心国的初期胜利》,第215页。

22 向法国捅一刀

　　1939 年 9 月 1 日,希特勒入侵波兰,挑起第二次世界大战,在一个月的时间里就灭亡了波兰。英法虽对德国下了战书,但却在西线"静坐",进行一场"奇怪的战争"。因此波兰灭亡后,枪炮声倒寂静下来了。

　　"全世界寂静无声,看来是不祥之兆。德国人闷声不乐之时,就是要准备干一场。"齐亚诺这样预言着。希特勒下一步指向何方? 意大利该取何种态度? 墨索里尼一直在思索着这个问题。

　　自开战以来,意大利持"不介入"态度。这种"中立",一时倒给意大利"结出了硕果"。英法欣赏墨索里尼"为和平而做的努力",并提出"意大利可以扮演一个它乐意扮演的角色";同时,西方民主国家在经济上又"予以诱导",向意大利厂商大批订货,瞒着德国购买意大利的机床、炸药、飞机、军装和军毯,从而导致罗马的股票市场行市飞涨。因此,意大利不但从德国源源不断地取得煤炭、钢铁等物资,而且与英法的贸易也在增长。希特勒对墨索里尼的这种做法十分恼火,但又不敢对他施加太大的压力,担心处理不当会使德国永远失去墨索里尼和意大利。

　　意大利独裁者的思想仍是矛盾重重, 举棋不定。他对德国"元首"的"辉煌胜利"十分眼红,对希特勒突然名噪一时,心里多少也有些妒忌。他是个好战者。在他的盟友发起的这场战争中,他被撇在一边,觉得"十分痛苦"。他说:"意大利人听我好战的宣传已有 18 年之久,欧洲现在处在战火之中,他们是不会理解我怎么会变成和平使者的。"他反复说:"一个伟大的国家不可能永远保持这样一种地位而不失其体面,有朝一日它应准备介入。"①墨索里尼之所以不能马上介入,是有苦难言的。到 1941 年 1 月,意大利准备就绪的只有 10 个师,其余的师都缺少装备,有的甚至缺 92%。如此状况,侈谈打仗,可谓笑话。墨索里尼气得胃病复发。面对这副烂摊子,他只好承受目前这种"极为痛苦"的处境。有一次,他实在按捺不住自己好战的脾气,在法西斯民团成立纪念会上慷慨陈词,"激进得惊人",说他正"热望打那场必打之仗"。女婿私下挖苦说:"可惜,要打,力不从心。"第二天,墨索里尼自己下令不许在报上登载他的那篇演说。齐亚诺是很明白岳父大人的苦衷的,说"我相信他是懂得应该怎样等候,一直等到这一行动能使意大利获得最大利益"。

希特勒也清楚,墨索里尼是在投机。但为了德国能称霸欧洲,称霸全球,他需要拉住这个"小伙伴",因此必要时只得委曲求全。他反复向意大利独裁者重申:"共同的命运已把两个政体紧紧联在一起,因此它们必须同走一条路。"1940 年 3 月 8 日,他叫里宾特洛甫又亲自给"领袖"送去一封冗长的信件。通知他说,德国马上要对英法开刀了,劝意大利参战。信上说:"领袖,我认为,这次战争的结果无疑也将决定意大利的命运……你终有一天会面对今天与德国作战的这些敌人的……我也看到了我们两国的、两国人民的、我们革命的和我们制度的命运,都已不可分割地联结在一起了。"②

①加莱阿佐·齐亚诺:《齐亚诺日记》,第 204、196 页。
②威廉·夏伊勒:《第三帝国的兴亡》,第 952 页。

墨索里尼看了希特勒的信，又有些飘飘然了。他向德国外长表示："法西斯主义在战线上是与纳粹主义站在一起的。"他"打算介入冲突，打一仗与德国平行的战争，一句话，参加德国一方，但保留他选择日期的自由"。[①]就是说，他还要观望一下，要选择一个风险最小而获利最大的时机参战。

希特勒决心趁热打铁，继续做"领袖"的工作。里宾特洛甫一回到柏林，又马上打电话到罗马，说"元首"要在3月18日在勃伦纳山口会晤"领袖"。墨索里尼埋怨说："德国人真叫人受不了。他们不给人一点喘息或者考虑的时间。"牢骚归牢骚，行动上则只好听"元首"的摆布。

1940年3月18日，墨索里尼和希特勒在勃伦纳边境车站会晤。这次德国"元首"屈驾，亲自登上意大利"领袖"的专列会谈。关于这次会谈，希特勒的译员施密特描述说："用'希特勒在勃伦纳的独白'这句话来概括，倒比较合适。因为希特勒谈话时间占了80%~90%。墨索里尼只是在希特勒讲完之后，才有时间说上几句……希特勒坐上领导的交椅，迫使墨索里尼充当次要角色。"[②]

希特勒滔滔不绝地讲个不停，主要是炫耀波兰战役的"辉煌胜利"，动员墨索里尼参战。"身为独裁者，更确切地说，身为独裁者老前辈的墨索里尼是不习惯这样做的。"[③]虽然如此，意大利独裁者还是对"元首"的讲话"着了迷"，佩服得五体投地。他回答说，一旦德国胜利地向前推进，他将立即参战；当盟国在遭到德国的进攻，已经无法支持，只要再打一拳就可以迫使他们投降

---

①加莱阿佐·齐亚诺：《齐亚诺日记》，第263、264页。

②保·施密特：《我是希特勒的译员》，第164页。

③加莱阿佐·齐亚诺：《齐亚诺日记》，第269页。

時,他决不拖延。但是,墨索里尼又说,他保留着选择最佳时机参战的自由。

　　墨索里尼在露骨而又怯懦地讨价还价,希特勒对这位屡次表现得不够忠诚的盟友,虽也恼火,但仍离不开他。两个独裁者双方都被对方性格中的一种根深蒂固的东西吸引住了。意大利盟友既已答应支持,希特勒就走下一步棋了。

　　1940年4月,希特勒先闪击占领丹麦、挪威。5月10日,德军又全线入侵荷兰、比利时、卢森堡、法国,从而打破了西线的"平静"。5月14日,荷兰武装部队投降。5月28日,比利时国王利奥波德三世投降;与此同时,法国北部的英法联军一败涂地,英军残部从敦刻尔克仓皇撤退。6月6日,德军143个师的兵力,沿着从阿布维尔到莱茵河上游这条横贯法国北部的四百英里的战线,像潮水般地涌向法国中部。巴黎指日可下。

　　就在这时,墨索里尼决定参战了。因为再犹豫下去,意大利就可能"降格为欧洲政治足球联赛的乙级队了"。法西斯宣传舆论开始转向,它提醒意大利人注意:一个伟大的国家要敢于面对一场重组欧洲的斗争,而不是袖手旁观;和事佬将招致被争斗的双方狠揍一顿。墨索里尼告诉法西斯党徒说:"历史以武装的摩托化部队风驰电掣的速度在前进……时辰一到,我们就进军。""骰子已经掷下,我们决心破釜沉舟了。"①

　　希特勒闪击西欧得逞,绥靖政策彻底破产,张伯伦下台,温斯顿·丘吉尔就任英国首相。5月13日,丘吉尔向下院发表演说,其中最鼓舞人心的一句警句是这样说的:"我没有别的,我只

　　①阿诺德·托因比、维·M.托因比:《轴心国的初期胜利》,第408、409页。

有热血、辛劳、眼泪和汗水奉献给大家。"有趣的是,这句话原先是意大利民族英雄加里波第在 1849 年罗马陷落时对他的战友说的。而今丘吉尔却借用来鼓舞反法西斯的斗志。墨索里尼也借用加里波第的亡灵,他组织了一个"加里波第军团",常常亲自出马举行仪式,向 1849 年的阵亡将士致敬。丘吉尔开始时竭力想稳住墨索里尼,让意大利一直保持"中立",但没有成功。后来他称墨索里尼为破衣烂衫的走狗。

自入侵荷、比、法以来,希特勒多次写信给墨索里尼,促他尽快参战。意大利参战,从军事上来说,可从地中海方面牵制英法,特别是英国的海军力量;从心理上来说,可摆脱"孤军奋战"的形象,兴许能"振奋"军心。

5 月 30 日,墨索里尼复信希特勒,宣布从 6 月 5 日起参战。信是这样写的:"元首⋯⋯在此获悉比利时投降消息之际,我谨向您表示祝贺。信迟复了几天,因为我想把我从 6 月 5 日起参战的决定通知您⋯⋯现在意大利人民急待同德国人民并肩与共同的敌人做斗争⋯⋯从政治观点上看,我认为不把战争扩大到多瑙河流域和巴尔干地区是必要的,意大利也要从这个地区得到供应,而且这种供给将不再能从直布罗陀以外得到。"[①]他仍把巴尔干地区视为自己的势力范围,不许盟友染指。

希特勒获悉后"深受感动",复信说"仅仅你参战这一事实本身,就是足以使我们敌人的战线受到沉重打击的一个因素"。但希特勒要求自己的盟友推迟几天参战,说是便于德国空军先把残余的法国空军击溃,信中还要求与意大利"领袖"再次会晤。

---

①伦佐·德·费利切:《墨索里尼传》,第 836 页,转引自《世界历史研究动态》,1985 年第 8 期。

墨索里尼决定推迟到6月10日参战。6月2日,他复信希特勒说:"元首……我认为推迟意大利参战的时间是完全适宜的。这种短期的推迟也有利于我在本土及海外的准备臻于完善。我的计划如下:6月10日星期一宣战并向意大利人民发表演说,11日早晨开始战争行动。关于我们举行会晤的问题,我感谢您提出这一建议。但我认为,待意大利参战后再举行较为适宜。在意大利宣战后晚几小时发表的演说中,我将说明,意大利依照它的政策不打算扩大战争的区域,并且我将列举多瑙河—巴尔干国家,其中包括希腊和土耳其。"①墨索里尼重申巴尔干是他的势力范围,目的是要使自己的盟友记住这一点。他不想马上会晤希特勒,是因为眼下他尚无资本,待战场上捞到点"战功"后再谈,腰板就硬了。

162 墨索里尼这个战争狂人,长期来就梦想当军事首脑。为此,他于5月29日成立了最高统帅部,自任三军最高统帅。他手下的几员干将是:巴多格里奥元帅任总参谋长,格拉齐亚尼元帅任陆军参谋长,普里科洛将军任空军参谋长,卡瓦纳里海军上将任海军参谋长。为了显示军威,他让女婿、外交大臣齐亚诺也以飞行员身份参战,并指挥一个轰炸机大队。

在墨索里尼决定参战之际,美国总统罗斯福曾向他施加压力。罗斯福在照会中说,美国在地中海有着传统的利益,若意大利参战,美国将加倍援助英法等国。墨索里尼对罗斯福一直采取蔑视态度。上一年4月,罗斯福曾去函墨索里尼,建议欧洲对立双方休战十年。这位独裁者开始拒不看信,随后又进行人身攻

①伦佐·德·费切利:《墨索里尼传》,第838页,转引自《世界史研究动态》,1985年第8期。

击,说此信是"麻痹症的结果"(因为 1921 年罗斯福患小儿麻痹症而导致下肢瘫痪)。这次,他仍不买账,说罗斯福的意见是"风马牛不相及"。

6 月 10 日,墨索里尼嘱齐亚诺向法国宣战。齐亚诺召见法国大使弗朗索瓦·庞塞,一见面就说:"你可能已知道请你来的原因。"庞塞回答说:"纵然我并不聪慧过人,但我现在已经知道了。这一击是对一个已经例下的人再捅一刀。"此刻庞塞并没有慌惊失措,他冷静地告诉齐亚诺说:"德国人是难对付的雇主。这一点你们也会领教到的。"①同一天,墨索里尼自己则在威尼齐亚宫的阳台上发表宣战演说。他挺胸腆肚,神气十足,但听众反应极为冷淡。齐亚诺目睹此情此景,哀叹"悲伤之至"。

墨索里尼为了入侵法国,投入了 32 个师,从勃朗峰到地中海的 200 多公里的战线上发起进攻。从背后攻击已溃败的军队,本来就没有什么光彩。然而墨索里尼的军队实在不争气,数十万意军居然被 6 个师的法军顶住了。更令墨索里尼辛酸的是,就在这时,法国总理雷诺下台,卖国的贝当政府马上要求停战,希特勒叫墨索里尼立刻前去商谈法国投降的条件。

墨索里尼自己没有一点"资本",但胃口很大。他竟然异想天开地想占领整个法国领土并要法国舰队投降。希特勒有自己的盘算,他担心对法国逼得太紧,法国舰队可能倒向英国,而海上力量是德国三军中最薄弱的一环。因此他主张对法国的停战条件必须从宽,特别是对法国舰队更要慎重。仗是希特勒打赢的,一切当然都得希特勒说了算。墨索里尼自知缺乏讨价还价的资本,这次"胜利者"的角色是希特勒赐予的,只好依着德国"元首"

---

①加莱阿佐·齐亚诺:《齐亚诺日记》,第 309 页。

的意志办。

　　在实质性的问题上，墨索里尼没有坚持一条，但在外表形式上却想争点面子。他要求和德国盟友一起，在同一时间同一地点与法国人签订停战协定，与希特勒平等地分享"胜利者"的荣誉。不料，希特勒却一口拒绝。这使意大利独裁者甚为伤心。他看出，"主要是希特勒认为，在法国人面前，意大利人不能同德国人平起平坐"。

　　1940年6月21日，法国代表在贡比涅森林原福熙元帅的车厢里与德军签署了"停战协定书"，而这一地点就是1918年11月德国向协约国签署投降书的同一地点。希特勒得意扬扬地亲自出席了签字仪式。6月23日，法国代表飞赴罗马，于次日签署了"法意停战协定"。墨索里尼满腹怨恨，未出席签字仪式。他在希特勒面前忍气吞声，在国内就拿部下出气，大骂军队不争气。他说："我缺的是材料。就连米开朗琪罗也需要大理石才能雕塑。如果他只有泥土，他至多也不过是个陶工。一个在16世纪当中一直是铁砧的民族在几年之内是成不了铁锤的。"[①]然而他哪里知道，他大丢脸的事还在后头呢。

_____

①加莱阿佐·齐亚诺：《齐亚诺日记》，第313页。

　　1940 年夏秋，当希特勒席卷整个西欧大陆，并大叫大喊要实施"海狮计划"攻占英国本土之际，他内心所想的、暗中所准备的却是入侵苏联的"巴巴罗萨"计划。墨索里尼被蒙在鼓里，急于和希特勒一起入侵英国，分享大英帝国的"遗产"。但是，意大利"领袖"的要求又被希特勒所拒绝。

　　墨索里尼的野心和希特勒一样的疯狂。他眼看德国人在西线取得惊人的胜利，眼睛发红，坐立不宁。他环视地球仪，盯住地中海沿岸不放，认定这是他建立以"地中海为内湖"的"新罗马帝国"的大好时机。于是他决定立即入侵东非、北非和希腊。

　　墨索里尼在北非的利比亚和的黎波里塔尼亚，集中了215000 军队，准备入侵埃及，由巴尔博统帅。在东非的厄立特里亚和埃塞俄比亚，屯驻着 22 万意军，司令官为奥斯塔公爵。1940年 6 月，巴尔博刚从墨索里尼那里接受了入侵埃及的命令后回到北非。6 月 29 日，他的机座飞抵托卜鲁克上空，驻该地的意大利高炮部队晕头转向，误认为是英机入侵，开火把自己的司令官的机座打了下来，巴尔博丧命。墨索里尼又叫格拉齐亚尼元帅去接任驻利比亚司令官一职。夹在东北非和北非两支意大利军队之间的是由英国中东总司令韦维尔中将指挥的英军，总兵力只有 6 万人左右，数量上明显处于劣势。同时英国本土又受着希特勒的威胁,难以抽调力量加强中东的实力。

面对此种形势,墨索里尼认为机不可失,就逼着部下赶快动手。但是奥斯塔和格拉齐亚尼却迟迟不肯行动。他们对自己下属部队的装备和士气比较了解,说"我们在走向失败,在沙漠里这就必然会迅速而全面地酿成一场灾祸"。这话是有道理的。意大利部队装备陈旧,只有很少的反坦克武器,而坦克又只有机枪,没有大炮;摩托化运输工具极为缺乏,汽油储存少得可怜,而意大利飞机是"博物馆里极好的陈列品"。墨索里尼却无视这一切,一味的大骂部下是"胆小怕事",是只求得利,不愿失利。他声称,等打完仗,他要淘汰较弱的人,改进意大利人种。

在墨索里尼的一再催逼下,1940 年 7 月初,奥斯塔的部队从埃塞俄比亚和厄立特里亚出发,进攻苏丹、肯尼亚,8 月间又进攻英属索马里。9 月中,意军占领了英属索马里全境和肯尼亚的部分领土,并进抵苏丹。在北非,格拉齐亚尼的部队进攻埃及,9 月中占领西迪巴腊尼,妄想进一步攻占亚历山大港和苏伊士运河。

埃及和地中海是墨索里尼的"新罗马帝国"的关键所在。其战略地位极为重要,它控制着苏伊士运河。而这条运河是大西洋经地中海通往印度洋、太平洋的咽喉,是大英帝国的"生命线"。控制地中海,维护苏伊士运河的畅通,不仅对英帝国是性命交关的事,而且还可以直接影响法属非洲殖民地继续和英国一起对德作战。新上台的英国首相丘吉尔十分重视地中海和埃及的防务。英国本土尽管受到希特勒入侵的威胁,但他在地中海仍配置了一支庞大的舰队。丘吉尔还把从敦刻尔克撤出来的少量坦克中的三分之一调往埃及。他又把一支由印度人、澳大利亚人、新西兰人组成的英联邦军队迅速调往东非、北非。韦维尔的部队很快增至 15 万人。

12 月 9 日，一个英国装甲师和一个印度步兵师奇袭西迪巴腊尼成功。1941 年 1 月 4 日和 22 日，英军又先后攻占有重兵把守的巴尔迪亚和托卜鲁克；2 月 7 日，英军占领班加西和贝达富姆。在两个月的战斗中，英军俘虏北非意军 13 万，缴获坦克 400 辆，大炮 1000 多门。

在东非，1941 年初英军也开始反击，意军不堪一击，纷纷溃败。英军长驱直入，如入无人之地。这中间，埃塞俄比亚的游击队发挥了很大的威力，为英军的胜利推进创造了有利的条件。1941年 1 月，海尔·塞拉西皇帝回到埃塞俄比亚，极大地鼓舞了游击战士的斗志。3 月 27 日，英军攻占军事重镇克伦，4 月 1 日攻占意属厄立特里亚首府，4 月 6 日，英军解放亚的斯亚贝巴。1941年 5 月 22 日，意军司令官奥斯塔公爵投降。

意军在东非、北非入侵英属索马里、肯尼亚、苏丹和埃及的同时，1940 年 10 月 28 日，驻阿尔巴尼亚的意军无故挑衅并很快入侵希腊领土。表面上促使墨索里尼突然入侵希腊的原因是，在这之前希特勒招呼也不打一下就占领了他早已垂涎的罗马尼亚。他气愤地说："希特勒总是让我面临既成事实，这回，我也如法炮制了。他将从报上看到我已占领希腊。这样平衡就重新建立起来了。"①以巴多格里奥为首的总参谋部的三个军事首脑一致主张推迟进攻希腊的时间，理由是兵力不足，装备陈旧，准备尚未就绪。墨索里尼威胁说："如果有人反对我们同希腊人作战，我将作为一个意大利人提出辞呈。"他坚持立即入侵。

这次意军入侵希腊的命运比在非洲的行动更惨。意军一开

---

① 加莱阿佐·齐亚诺：《齐亚诺日记》，第 348 页。

头就遭到英勇的希腊军民的迎头痛击。不到 10 天,希腊军民就迫使意军全线溃退。1940 年 11 月 22 日,希军攻占科尔察。12 月 4 日,希军压向发罗拉。到 12 月底,沿整个前线,希军推进了 30 英里,歼灭意军 3 万人。

在意军入侵希腊遭到惨败之际,11 月 11 日,英国地中海舰队的飞机从航空母舰上起飞,袭击意大利南部港口塔兰托,炸毁三艘战列舰和一艘巡洋舰。意大利上下震惊。

意军在非洲败北,在希腊受挫,一个打击接一个打击,这使墨索里尼时而忧虑焦急,时而暴跳如雷。他把责任全部推给部属,骂总参谋长巴多格里奥是"国家的公敌",是"叛徒";骂与他共事的都是"庸碌之辈,毫无用处,分文不值";他甚至责怪女婿齐亚诺向他"提供的情报不准确"。1940 年 12 月 1 日,他解除了巴多格里奥总参谋长的职务,改任卡瓦莱罗为总参谋长。

墨索里尼在内阁会议上不得不承认"局势严重,甚至可能成为悲剧性的"。别无良策,他只好求助于希特勒了。1940 年 12 月 4 日,他把齐亚诺召来办公室,告诉女婿:"别无他法。这事稀奇古怪,都是事实。我们不得不通过希特勒要求停战。"然而齐亚诺不肯求德国人帮忙,说"我宁愿子弹打穿脑袋,也不肯给里宾特洛甫打电话"。[1]

1941 年 1 月 10 日,墨索里尼亲自接见德国大使,商定于 1 月 19 日与希特勒会晤。在此之前,墨索里尼是有意推迟两人的会面,希望能戴着胜利的冠冕去和德国元首见面,而这次他觉得"实在难为情"。出乎墨索里尼的意外,希特勒既没有奚落他,也没有冷淡他,而是既客气又热情。因为希特勒马上要实施"巴巴

---

①加莱阿佐·齐亚诺:《齐亚诺日记》,第 366 页。

罗萨"计划,他不能疏远自己的盟友,也不能让意军再惨败下去。因此他答应帮意大利解危。据齐亚诺说,墨索里尼去时"眉头紧皱,神情紧张",返回时"欢欣鼓舞"满面春风了。

1941年2月,为了帮墨索里尼解围,希特勒把一个轻装摩托化师和一个装甲师派往北非,组成"非洲军团",任命埃尔温·隆美尔为"非洲军团"司令官。而墨索里尼被迫撤了格拉齐亚尼元帅的职,把北非意军的最高指挥权交给隆美尔。隆美尔是个大胆泼辣的坦克指挥官,他的行动和思想一样敏捷,进攻迅猛,善打闪电战。他进驻北非不久就发起一场迅雷不及掩耳的闪电战,重新攻占昔兰尼加,并再占托卜鲁克、巴尔迪亚,直逼埃及大门。隆美尔被称为"沙漠之狐",在两年的时间里使英国人伤透了脑筋。

在入侵北非的同时,希特勒又向南斯拉夫和希腊发起进攻,使意军免遭崩溃。4月12日,贝尔格莱德陷落;4月27日,雅典被占领。不仅如此,希特勒还乘墨索里尼之危,迫使他允许德军进驻意大利本土,这样就加强了对意大利的控制。经过几个反复,希特勒对墨索里尼实在不放心,认为他过于"妒忌和虚荣"。他曾挖苦说:"如果德军能穿着意大利军服作战,那墨索里尼是最喜欢不过的了。"[1]在意军惨败,墨索里尼惊慌失措之际,希特勒帮了他一下忙,使意军免遭全面崩溃,但德军趁机全面侵占巴尔干,并进驻了意大利本土。从此以后,墨索里尼只能乖乖地充当配角了。

希特勒扶住墨索里尼,极力要稳住巴尔干的阵脚,目的是要如期实施他的"巴巴罗萨"计划。在此之前,他虽多次向自己的盟

---

①戴维·欧文:《隆美尔》,第94页。

友透过一点风,但从未露过底。1941年6月22日凌晨3点,距德军入侵苏联尚剩半个小时,德驻罗马大使冯·俾斯麦叫醒齐亚诺,把希特勒给墨索里尼的一封信交给他。希特勒在信上把他入侵苏联的决定通知墨索里尼。他写道:"领袖,经过几个月的伤尽脑筋的考虑和令人不安的等待,我终于做出了我一生中最困难的决定,我正是在这个时候写这封信给你的。"这又是一次"夜间警报",把既成事实摊在墨索里尼面前。为了安抚"领袖"的情绪,希特勒解释说:"领袖,我等到现在才告诉你这个消息,是因为最后的决定要到今晚七点才能作出。"因德国"元首"的来电或来信而在半夜里把墨索里尼叫醒,这确实不止一次了。对德国人的此种傲慢态度,他大发其火,发牢骚说:"就连对我的仆人,我也不在夜间打扰他们,可是德国人毫不体谅人,随便什么时候都把我从床上叫起来。"①肚里虽然恼火,但墨索里尼揉揉他的睡眼以后,马上命令对苏宣战,并决定在3天之内派出第一批作战部队。他声称到来年春天再派20个师去苏联作战。他说:"这样,我们投入(对苏)作战的力量就比得上德国。到取得最后胜利的时刻,这就能防止德国像使唤被征服的民族那样使唤我们。"②

其实,希特勒并不欢迎意军参加对苏作战,他不愿让人分享"征服苏联"的果实和"光荣"。而墨索里尼怀着迟了一步就吃亏的心理坚持马上出兵对苏作战。6月26日,他匆匆检阅了开赴苏联的第一个师,吹嘘说这支部队"装备精良"。而齐亚诺则挖苦说:"我不想看到我们又扮演一次寒酸伙伴的角色。"

---

①威廉·夏伊勒:《第三帝国兴亡史》,第1170、1172页;阿莱加佐·齐亚诺:《齐亚诺日记》,第421页。

②加莱阿佐·齐亚诺:《齐亚诺日记》,第439页。

齐亚诺没有讲在点子上。决定跟随希特勒入侵苏联,墨索里尼不但要再扮演一次寒酸的配角,而且也为他自己的末日铺平了最后的道路。

在非洲和希腊受挫

24 不好过的日子

　　自参战以来，墨索里尼的日子愈来愈不好过。他表面上虽强作镇静，对前途充满"信心"，但暗中承认意大利有三大严重损失："国家军事威信遭到打击；德军进驻意大利；帝国失利。"然而他依然把自己视为能"洞察一切"的"超人"。他把入侵非洲、希腊的决策看作是自己"政治上的杰作"，而把招致失败的原因归结为部下的不争气。他说："意大利人不成熟、不坚韧，经不住如此严峻如此具有决定性的考验。"尽管墨索里尼想方设法，甚至不惜用暴力来维护自己的"高大形象"，然而无情的现实是：在法西斯门徒的心目中，"领袖"的形象也开始动摇了；在一般的人民群众中，反抗的怒火越烧越旺。

　　一个重要的原因是，连年的侵略扩张，把本来就十分脆弱的经济一下子拖垮了。自1930年以来，意大利的经济预算就从来没有平衡过。到1940年，赤字达60亿里拉，而常规预算以外的200亿里拉开支还不算在其中。为了弥补亏空，就滥发货币、公债，滥增税收。到1943年春国债达1万亿里拉，超过国民收入的9倍。由于战争与盟国的封锁，意大利所需要的全部橡胶、80%的石油、70%的谷物、40%的木材来源被切断了。民用工业陷于瘫痪。

　　更为严重的是粮食短缺，吃饭成了个大问题。墨索里尼亲自下令实行粮食配给制,规定每天口粮为面包200克,干重活的可多到300克或400克。为了压住民心,他大发"宏论"。1941年9月27日,他威胁说:"谁也别以为配给会在战后取消。我要把它保留多久就保留多久。只有这样,那些阿涅利们和多纳加尼们①才同他的雇员们吃得一样少。要说200克少了,那么我告诉你们,到春季前后,配给量甚至会更少。这使我高兴,因为我们最终会看到意大利人愁眉苦脸,这对我们在和平谈判桌上是有价值的。"②后来口粮果然减为每天150克甚至100克。墨索里尼打肿脸充胖子,说是他的意志要实行粮食配给,其实他的忠实门徒也明白是严酷无情的困境迫使他不得不这样做的。有趣的是,当墨索里尼站在威尼齐亚宫阳台上发表演说时,众多的法西斯听众因肚子饿而激发不出热情。当时许多意大利人把裤子皮带勒到了最后一个孔眼,他们把这一孔眼称之为"墨索里尼孔眼"。

在法西斯专制主义统治下,人民生活本来就苦不堪言,而粮荒更导致人心惊慌,社会动荡。齐亚诺也承认,"粮食情况引起极大的不满。在一些省份,妇女举行小规模示威,难以平息。在罗马,人们大发牢骚,讽刺挖苦"。③尽管法西斯白色恐怖笼罩全意大利,但人民仍起来反抗、斗争。马特拉市为面包发生骚动,群众冲进了法西斯党总部,警察开枪驱散群众。1942年8月至1943年3月,工人罢工42次,法西斯控制很严的兵工厂也卷入罢工浪潮。关于意大利的经济情况,法西斯国家货币与汇兑大臣说过如下一句挖苦话:"国家现阶段事务中唯一还可能使我惊讶的事,就是看到一个怀孕的男子。别的我什么都见过了。"

---

①阿涅利(们)(Agnellis)和多纳加尼(们)(Doneganis)指有钱的老板。

②加莱阿佐·齐亚诺:《齐亚诺日记》,第433页。

③加莱阿佐·齐亚诺:《齐亚诺日记》,第437页。

被墨索里尼取缔的共产党、社会党,积极开展地下反法西斯斗争。他们联合天主教民主党等资产阶级党派、团体,组成反法西斯的民族阵线,展开大规模的武装斗争。墨索里尼本来只承认国外危机四伏,后来开始承认国内形势也日益严重了。

对墨索里尼独裁统治的不满情绪在法西斯党内,甚至在高层领导圈内也开始蔓延开来了。教育大臣博塔伊说:"领袖的智力和体力都已衰退,他再也吸引不住我了。他不是一个实行家;他专横跋扈,野心勃勃,一心要人家赞颂他,奉承他从而出卖他。"齐亚诺说:"墨索里受恶棍之骗,恶棍同他打交道总是成功的。"甚至墨索里尼的老战友格兰迪也动摇了,说"我不知道我是怎样能够假装了20年法西斯主义者"。①

墨索里尼在法西斯党内的形象动摇,势必加速法西斯党的瓦解。1939年10月,法西斯党的党徒有2633514人。同年12月扩大搜罗党棍,宣布凡是退役军人和参加过阜姆战役的军人都可申请入党,据报道,到1940年3月,有74万人申请加入法西斯党。法西斯党人数聚增至330万人。两年以后,形势发生了戏剧性的变化。1942年10月至1943年3月,在短短的半年时间里,法西斯党人数减少了200万。

更令墨索里尼难堪的是,他轧姘头的丑闻成了全国议论的话题。墨索里尼的情妇克拉拉·佩塔奇家族利用与墨索里尼的特殊关系,狐假虎威,胡作非为。克拉拉有个兄弟,人称佩塔奇博士。他大做投机生意,倒卖黄金,为此货币与汇兑大臣和墨索里尼的姐姐都不得不亲自去向独裁者告状,叫他约束一下。佩塔奇博士继续有恃无恐,还专横地要齐亚诺为他安插亲信。海军参谋

---

①加莱阿佐·齐亚诺:《齐亚诺日记》,第445、451、487页。

长阿图罗·里卡尔迪受墨索里尼情妇的母亲的保护,尽管屡吃败仗,但仍保住官位。法西斯警察总监莱托也说:"佩塔奇博士正在给领袖造成胜过 15 次战争的危害。"

墨索里尼轧姘头的事使他的妻子拉凯莱大吃其醋。她疯疯癫癫,打扮成砌砖匠、平民妇女,像个侦探一样到处打听。她发牢骚说,她爱猎取的燕八哥已经飞离了托隆尼亚别墅(墨索里尼的住宅)的松林,"已随风改变了飞的方向"。她打电话到女婿处,大骂"领袖"的"越轨行为",扬言要到基吉宫(外交部)来放一通手枪。齐亚诺则开脱说:"这些越轨行为与我们无关,而与民众文化部有关。"1942 年 9 月,墨索里尼的女儿爱达在给她丈夫的一封信中也透露了他父亲的荒唐事。她说:"我父亲身体不好……他近几年来的私生活使我们非常操心,还有它的后果等。""我们的家被说得不成样子了……我母亲心情不好,言行古怪。"爱达所操心的后果,显然指两个方面:一是担心他父亲无度的男女生活可能损害她父亲的健康;二是这种丑闻扩散出去会进一步损害"领袖"的形象。而她的丈夫齐亚诺考虑到要在公众事务中维护"领袖"的"威信"和"崇高情操",也不愿向岳父本人谈起此事。

其实齐亚诺的苦心充其量是瞒上不瞒下,瞒来瞒去只是不当着"领袖"的面点破而已。因为"领袖"的丑闻早已成为人人皆知的公开秘密。法西斯元老巴尔博死前曾把墨索里尼叫作"梅毒的产物"。教育大臣博塔伊开始不信,后来也改变了看法,说"至少是接近于事实"。[①]

墨索里尼和情妇克拉拉鬼混的丑闻在法西斯党内,特别是在法西斯上层的流传议论,极大地损害着他在党内的"威信"。里

---

①参阅加莱阿佐·齐亚诺:《齐亚诺日记》,第 578、579、444、409、480、579、578、523 页。

卡尔迪私下居然对人说:"当我同领袖谈话时,站在我面前的是一个丢脸的人。我们不再处于同等地位。我比他高出两级台阶。"

当然,墨索里尼也知道,人们私下在议论他的私生活。他对秘书说,"有必要让它造成的影响烟消云散",并说"这件事很快会结束"。要人不议论是不行的,除非己莫为。有一次,克拉拉的妹妹结婚,大摆豪华的宴会,成了全城轰动的新闻,迫使墨索里尼不得不出来干预说,"无论如何,我希望报纸通情达理,不要议论"①。齐亚诺幽默地说,墨索里尼"公开扯到此事,真是有趣"。墨索里尼非但没能阻止住别人的议论,而且这议论从私下发展到公开讨论了。一次有各省的省委书记参加的法西斯党的头目会议上,专门讨论了"佩塔奇事件"。墨索里尼指使心腹辩解说,"谁都无权调查和评论别人的爱情生活"。由他一手创建和独裁的党,居然敢公开讨论起他的私生活来,岂不叫他烦恼?

墨索里尼私生活的风流韵事成了人们的话柄,只不过使他难堪而已,真正叫他伤心的一件事是他的第二个儿子布鲁诺丧命。1941 年 9 月,布鲁诺在一次新式飞机的试飞中机毁人亡。墨索里尼作为一个父亲,对儿子的遇难十分悲痛。他写了一本《帕洛和布鲁诺》的小册子,以悼念其子;他又把一枚金质勋章授给阵亡的儿子,并亲自把勋章交给自己的孙女玛丽娜。为了在众人面前显示自己的坚强和超越凡人的性格,他脸色铁青,竭力掩饰自己的感情。齐亚诺描述当时的情景说:"玛丽娜双臂伸向祖父,一片深情。墨索里尼不动声色,毫无表情……后来,玛丽娜离开时,有片刻时间,我看见他眼睛里闪过一丝亮光——这亮光道破了他用铁一般的意志极力加以遮掩的一切。我觉得自己很贴近

---

① 加莱阿佐·齐亚诺:《齐亚诺日记》,第 557、60、554 页。

他的心,贴近他的悲伤。"①看来独裁者也具有两重性格。1942年8月7日,墨索里尼亲自回弗利参加儿子的安葬仪式。这是一个家祭,参加的八个人全是近亲。坟地立着三个灰石坟墓,墨索里尼的双亲各一个,第三个是他的儿子布鲁诺。墨索里尼外表平静,内心痛苦。做完弥撒后,他吻了布鲁诺的墓,指着旁边的一块空地,不断自言自语地说,那里将是他的归宿。

对自己儿子的阵亡,墨索里尼尚可以掩饰自己的感情,而对用他的思想武装起来的法西斯军队屡战屡败的战况,他再也难以克制自己的忧虑和愤怒情绪了。在埃塞俄比亚的一次战斗中,4000意军2人战死,4人受伤,余皆向英军投降。在东非的另一次战斗中,意军战死仅677人,而被俘多达1万人。

在苏联战场上,许多士兵宁愿自杀也不肯重返前线送死。意大利将领率军投降的事屡见不鲜。这些数字和情况表明,广大意大利士兵普遍厌战,不愿去为法西斯卖命。墨索里尼对这种触目惊心的事件时而"心情非常忧郁",时而为这这类事"所激怒"。梵蒂冈控制的《罗马观察家报》刊登了几幅意大利战俘在盟军战俘营里的生活照片,墨索里尼看了后自我解嘲说:"他们一心想当俘房,这是众所周知的事。如果人们看见他们的同志在那里过得很好,谁又能阻止了他们呢?"他发现"整个形势是一场莫名其妙的戏剧,正因为莫名其妙,形势就更加严重"。

为了不让这场"莫名其妙的戏剧"迅速发展为"悲剧",他苦苦地思索着对付的办法。他思索的结果认为,意大利人民不赞成这场战争的原因是"缺乏及时的、能为老百姓容易理解的刺激"。因此他提出法西斯的宣传方针"应当是把失败的旗帜当作一种

---

①加莱阿佐·齐亚诺:《齐亚诺日记》,第516页。

恐吓打出去"。他说:"一旦被打败,我们的敌人不会对我们心慈手软,我们将百年沦为奴隶。"

在施展恐吓宣传的同时,他又推行恐怖"威慑",对拒绝去为他充当炮灰的人残酷镇压,杀一儆百。他亲自命令把一名逃避兵役的人在光天化日之下枪决。而处决的地点特意选在人群拥挤的展览馆广场。与此同时,他又注意加强对法西斯党和军队的思想控制。他指示法西斯党的副书记拉瓦西奥说,要"维护(法西斯的)正统道德,监察党的政策"。他要军队进一步法西斯化,认为"这场战争已证明只有政治化的军队才有发言权"。为了鼓舞士气,叫意大利人树立起信心,他亲自出马,反复鼓吹说:"全世界都已接受他的思想。任何人一读他的演说就会发现,一切问题都已解决:无须再探索了,所有的问题都解答了。"①尽管墨索里尼绞尽脑汁,但仍不能挽回迅速恶化的形势。有一天,他眺望着纷飞的雪花,感叹说:"下雪和天冷很好。这样一来,我们的那群废物和这个平庸的民族也会变得好一些。"

政治上、经济上、军事上,国内、国外,乃至家庭,打击一个接一个地向墨索里尼袭来,他深切地尝到"四面楚歌"的滋味了。其中特别令他难受的是德国"元首"越来越咄咄逼人,经常像召见部下一样地叫他前去会晤,随叫随到。他恼火地说:"一叫就到,我厌烦透了。"更令这个独裁者痛心的是,德国人有意侮辱、贬低他的地位、人格。有一次,一个德国人称他为"意大利省的省长"。堂堂的意大利法西斯"领袖"居然成了德国"元首"手下的一个"省长",这对一个独裁者来说是无法容忍的。他命令新任驻德大使迪诺·阿尔菲耶里查明真相。他说:"我相信确有此事。在德国

---

①丹尼斯·马克·史密斯:《墨索里尼传》,第 278 页。

有那么一些留声机唱片，由希特勒灌制，别人播放。第一张唱片是说意大利是忠实的盟国，地位同德国相等，是地中海的主人，正如德国是波罗的海的主人一样。随后第二张唱片是说胜利，说欧洲将由德国统治，被征服的国家将沦为殖民地；结盟国将成为德国的联邦省；其中最重要的则是意大利。我们不得不承认这些条件，因为任何反抗的企图都将使我们每况愈下，从联邦省的地位降到殖民地的地位。"他又说："我们暂时绝不能反对德国。我们必须等待时机。"①从盟国的地位降为联邦省，有可能再降为殖民地，而又无可奈何。墨索里尼在这里惟妙惟肖地道出了这个刚愎自用的独裁者被迫屈居希特勒之下的痛苦心理。他在行动上对希特勒不得不顺从，那么，他所能做的也只是背后骂骂人了。他骂希特勒是"蠢驴"，是"骗子"，说"总有一天，我要在墓地加修一座了不起的公墓，把德国的诺言埋在这里。"其实，墨索里尼赶快挖的是他自己的"新罗马帝国"的墓地，因为上述征兆表明，他的帝国要比希特勒的第三帝国更虚弱，不久就要寿终正寝了。

①加莱阿佐·齐亚诺：《齐亚诺日记》，第 440、452 页。

25 帝国美梦的破灭

墨索里尼参战后的第一年，以惨败和丢失东非殖民地而告终。在北非，由于隆美尔这只"沙漠之狐"的骁勇善战，一时扭转了危局，使墨索里尼得以继续做他的帝国美梦。1942年的下半年，北非战场的形势发生了戏剧性的转变。

1942年夏，隆美尔依靠"精神作用加速度"，依靠"快攻和奇袭"，连连得手。6月20日，隆美尔的部队攻陷托卜鲁克，俘英军25000人。因北非的赫赫战功，希特勒授予他陆军元帅的头衔。隆美尔扬扬得意，埃及大门的钥匙似乎已经操在他的手中了。

托卜鲁克的陷落使丘吉尔大为震惊。他把隆美尔在非洲战场的出现，说成是"一位新人物跃登历史舞台"。他对非洲的形势十分忧虑。他写道："现在在托卜鲁克，25000名久经风霜的士兵向为数只有他们的一半的敌人缴了枪。如果这是沙漠军队士气的典型，那么，非洲东北部所面临的灾难将更无法应付了。"[1]在这痛苦与耻辱的时刻，罗斯福及时地向丘吉尔提供了援助。

隆美尔攻占托卜鲁克，墨索里尼认为自己也有功劳，是德意联合作战的结果。为了抵消隆美尔的军功及其晋升元帅的影响，他也晋升意军总参谋长卡瓦莱罗为元帅。但反应冷淡，效果微乎

---

[1]温斯顿·丘吉尔:《第二次世界大战回忆录》，第4卷，第343、344页。

其微。为了分享征服埃及和苏伊士运河区的果实,1942年6月底,墨索里尼带了一大帮随员亲自前往利比亚视察战情。在离前线800公里的地方逗留了3个星期,他声称两三周内就要向尼罗河三角洲和苏伊士运河区挺进。为了在开罗和亚历山大港检阅部队,他把自己的一匹白马也运到了利比亚。但是德意部队到了埃及的门口时被英国军队挡住了。隆美尔部队的后勤供应线拉得太长了。墨索里尼未能出现在开罗和亚历山大港,等了3个星期只好扫兴地往回走。他自我解嘲说,他很快要回来的。为了证明他的决心,他把自己的行李留在利比亚[①]。隆美尔根本不把意大利"领袖"放在眼里。在墨索里尼巡视利比亚战场时,这位元帅没有去拜访过一次,甚至德军汽车都不给他让路。

隆美尔攻占托卜鲁克后,8月底向阿拉曼阵地发起进攻,但未能得逞。这时,他发现自己的战线拉得太长,而"军需供应如点眼药水一般"。他连连向主子求援,而这时的希特勒正陷于斯大林格勒和高加索战役之中,根本顾不上支援北非。狡猾的"沙漠之狐"这时就把军队指挥权交给副手施登姆将军,自己溜回德国养病去了。

10月23日,英军蒙哥马利将军指挥发起了阿拉曼战役。战役打响后不久,施登姆心脏病暴发,猝然死去。希特勒命令隆美尔立即飞返北非。等到隆美尔仓皇地赶回利比亚时,大势已去。

墨索里尼和希特勒同时要德意军队守住阵地,并下达命令:"不是胜利便是死亡。"在德意军队节节败退的日子里,墨索里尼整天板着面孔。他疲惫不堪,脸色苍白。一种抑制不住的悲观情绪支配着他。

①参阅丹尼斯·马克·史密斯:《墨索里尼传》,第275页。

阿拉曼战役历时 12 天,英军歼灭敌军近 6 万,其中被俘的 3 万人中意军占 2 万多。隆美尔的助手冯·托马和 9 名意大利将军被俘。眼看意大利将被盟军逐出北非,"新罗马帝国"的美梦即将破灭,墨索里尼心急如焚,但他嘴上却自欺欺人地说:"从某种观点看,这倒有利,因为这个地区断送了我们的商船队,现在我们能更好地集中兵力保卫意大利本土了。"①

继阿拉曼战役惨败后,德意在北非的军队接着又遭到了一个更大的打击。1942 年 11 月 8 日,10 万盟军在艾森豪威尔的统率下实施"火炬"计划,在法属摩洛哥和阿尔及利亚登陆。维希政权在阿尔及尔的军队稍作抵抗后,达尔朗就同美国达成协议,协助盟军控制法属非洲。12 月 24 日,达尔朗被人暗杀,美国指派吉罗德继任代理人。

11 月 8 日凌晨,里宾特洛甫慌慌张张地打电话告诉齐亚诺,盟军在北非登陆,问意大利做何打算。齐亚诺说,"他问得我冷不防,我太困,无法作出满意的回答"。墨索里尼却立刻想到在科西嘉登陆并占领整个法国。希特勒同意德意共同占领法国南部,以罗纳河为两国占领军的分界线。同时,希特勒要德意军队迅速占领突尼斯和比塞大港,作为轴心国军队在非洲的最后退路。

接连不断的失败,使墨索里尼异常焦虑、紧张,但他仍继续"用许多危险的幻想来抚慰自己",要不然他也很难再支撑下去。这时他人愈来愈瘦了,且胃病时时发作,迫使他大大减少食量。他的大儿子维多利奥认为,他父亲的胃痛"根源是神经紧张"。

垂死的人总是幻想能起死回生,墨索里尼也如此。此刻他幻

①加莱阿佐·齐亚诺:《齐亚诺日记》,第 594 页。

想从文武两方面寻找出路。所谓文的,就是想叫希特勒与苏联暂时达成一项协议,以便使轴心国能抽出兵力保卫非洲、巴尔干和西线。1942年12月16日,墨索里尼让齐亚诺去见希特勒,指示他向德国"元首"转达他希望与苏联讲和的想法。在军事方面,他继续幻想从突尼斯发起反攻以拯救他的非洲殖民帝国。1943年1月24日,他任命梅塞为突尼斯的意军总司令。但是1月28日突然传来了罗斯福与丘吉尔举行卡萨布兰卡会议的消息。罗斯福宣布:"摧毁德国、日本和意大利的战争威力,就是说要德国、日本和意大利无条件投降。"①这是盟国正式公开宣布要法西斯轴心国无条件投降。这对墨索里尼是当头一棒。齐亚诺得悉后惊呼:"事态看来严重,确实非常严重。"在卡萨布兰卡会议期间,德军在斯大林格勒惨遭失败,希特勒无心顾及突尼斯。这就为盟军把德意法西斯侵略军赶出非洲创造了有利条件。与此同时,意大利第八集团军在苏联战场上被击溃。短短的几个月中,战争形势发生了根本的变化,法西斯意大利濒临灭亡的地步。

面对如此严重的危局,墨索里尼想通过调换人马,改组内阁来延长他的帝国美梦。1943年1月30日墨索里尼撤了卡瓦莱罗总参谋长的职,叫阿姆布罗西奥接替。卡瓦莱罗因"蓄意蒙骗领袖",谎报军情,在德国人面前一味的奴颜婢膝而弄得声名狼藉。墨索里尼想借这条替罪羊来缓和一下国内的舆论。

2月7日,墨索里尼改组内阁,撤了女婿齐亚诺的外交大臣,改任他为驻罗马教廷大使,想通过牺牲女婿来缓和德国人的不满。因为齐亚诺长期以来有强烈的反德情绪。他安抚女婿说:"你必须做这样的考虑:你即将有一段休息时间。将来还会有你

---

① 菲斯:《丘吉尔—罗斯福—斯大林》,第109页。

的机会。你的未来掌握在我的手里。因此,你无须担心。"接着他问齐亚诺文件是否已全部清理好。女婿回答:"已全部清理好。请记住,当困难阶段到来时——因为现在已经可以肯定,困难的阶段是会到来的——德国人对我们背信弃义的种种行为,从准备战争到对俄作战,一桩桩一件件,我都可以提供文件作证……如果你需要这些材料,我给您提供细节。或者,更好的办法是,我在24小时内准备一篇演说,它已在我脑海里酝酿了3年。因为,如果我不讲出来,我会爆炸。"[①]墨索里尼静静地听着女婿娓娓而谈,他多少有些同意女婿的看法。他对局势异常忧虑,德军在东线已经溃败,盟军很快将攻入意大利本土。当"困难的阶段"即彻底失败的时刻到来时,他准备对德国人"反戈一击",以减轻自己的罪责,因此叫女婿把文件准备好。但是,历史是不容许他如此轻松脱身的。

184

　　1943年5月7日,盟军攻克突尼斯城和比塞大港。5月13日,德、意在北非的军队向盟军投降。盟军俘获德、意官兵25万。轴心国被逐出非洲。墨索里尼的以非洲、巴尔干为陆地,以地中海为"内湖"的"新罗马帝国"的美梦彻底破灭。下一步,盟军就要直指意大利本土了。

---

①加莱阿佐·齐亚诺:《齐亚诺日记》,第633页。

26 垮 台

　　轴心国军队在北非和苏联战场上节节败退，特别是在斯大林格勒战役中的惨败，使意大利法西斯统治集团慌了手脚。法西斯内阁会议也成了争吵的场所。有的阁员向墨索里尼提出，"他应该和英美敌人寻求和谈"。墨索里尼说，"他会考虑这个问题的，但需要几个月的时间。只要当他军事上取得一些胜利后，他就准备摆脱希特勒"。①

　　但是，军事上的胜利迟迟没有盼来，纷至沓来的却是愈来愈惨重的失败消息。无奈，他只得空着手再去见希特勒。1943 年 4 月 7 日，墨索里尼带着新上任的外交顾问巴斯蒂安去萨尔斯堡会晤希特勒。德国"元首"依然喜欢独自，说个没完没了，不容旁人插嘴。意大利"领袖"木然坐着，一声不吭，偶尔不耐烦地瞧瞧手表。好不容易插上几句，赶快把想说的话吐出来。这回他强烈主张和苏联媾和，说："我认为征服俄国是不可能的，因此最好是跟东方讲和，使我们腾出手来对付西方。"②而希特勒照例像放录音唱片一样重弹一阵德国的优势、盟国的劣势以及最后胜利必然会来到之类的老调，继续给自己的盟友注射强心剂。墨索里尼也照例像吸了几口鸦片后的烟鬼一样，兴奋一时，就回到了罗马。什么问题也没有解决，也不可能解决什么问题了。因为此刻战争形势已发生根本性的转折，轴心国急剧地走下坡路了。在北非战事结束之际，丘吉尔率三军参谋长访问华盛顿，确定了两国军事战略部署。英美商定，盟军把德意军队赶出北非后，实施地中海战役，在西西里岛和意大利本土登陆，迫使意大利投降。长期以来，丘吉尔一直鼓吹英美军队进攻"欧洲柔软的下腹部"的战略计划，也就是西方盟军抢占意大利，在奥地利或巴尔干与苏军会合，结束战争。齐亚诺哀叹"意大利成了同盟国进攻轴心国的打击中心"。

1943 年 7 月 10 日，英美联军在艾森豪威尔的统帅下，在西西里登陆，并迅速向岛内推进。这对墨索里尼来说，是敲响了最后的丧钟。但他强作镇静，说他"并不特别忧虑"。他和往常一样把一切责任推给他人，说"德国人和西西里人没有好好打"。他声称他订有"把入侵者赶下大海去的计划"。他提醒"一切法西斯分子曾作过的誓言，即，如有必要，应为领袖去死"[1]。

其实，墨索里尼根本就没有什么"把入侵者赶下海去的计划"，他的法西斯门徒也早就把"为领袖去死"的誓言丢在脑后，只顾自己逃命了。拼命抵抗的倒是部分德国军队，他们竭力掩护主力撤往意大利半岛。希特勒获知意大利军队处于"崩溃状态"后，就连忙又把墨索里尼找来商量对策。

7 月 19 日，两个独裁者在意大利北部的菲尔特雷附近的一所农舍里会晤。这恰巧是两个独裁者之间的第 13 次会晤。据在场担任翻译的施密特说："墨索里尼在一大批意大利军官面前被

①丹尼斯·马克·史密斯：《墨索里尼传》，第 292 页。

希特勒狠狠训了一通。"这次,也是希特勒一个人在滔滔不绝地说话,一讲就是两个小时,墨索里尼只好在一旁洗耳恭听。希特勒意识到他的这位盟友精神颓丧,已不中用了。因此在此之前他曾"指示周围的人去物色一个取代墨索里尼的代理人,但没有物色到理想的代理人,只得继续努力为领袖打气,并要不惜一切代价去阻止意大利单独媾和"。他此次把墨索里尼找来的目的就在于此。希特勒认为,要阻止意大利单独媾和,"最理想的是意大利人同意签订一项协定,让意大利军队在一名德国军官指挥下予以重组"。①他鼓励墨索里尼说,他们必须在各条战线上打下去,他们的任务不能留给"下一代","历史的声音"还在呼唤着他们。

墨索里尼知道,"意大利已不能继续打下去了"。这也许是让德国人相信这一点的最后一次机会。但是,话到嘴边,"当着希特勒的面,他的勇气又消失了"。

就在两个独裁者在紧张地会谈时,传来了盟军在大白天第一次大规模轰炸罗马的消息。长期以来,墨索里尼一直把自己的最高司令部设在罗马,"躲在天主教的大伞之下",以免遭盟军飞机的轰炸。而今梵蒂冈这顶保护伞也不顶用了,这使他绝望的心情进一步加深了。他已被希特勒弄得筋疲力尽,没有精神再谈下去了,因此急切地向希特勒的译员要会谈记录,以便根据希特勒讲话的记录来考虑下一步的防御措施。他心神不定地返回罗马。

回到罗马时他发现政治气氛极不正常。他的妻子拉凯莱告诉他,巴多格里奥和格兰迪一伙正在策划一场推翻"领袖"的阴谋,其中的主要成员还有法西斯骨干博塔伊和齐亚诺,而且新提拔的巴斯蒂亚尼尼也卷在里面。据拉凯莱说,谋叛者想拉着"领

---

① 丹尼斯·马克·史密斯:《墨索里尼传》,第 293 页。

袖""倒向盟国",如墨索里尼"企图抵抗或逃跑,就杀了他"。[1]

拉凯莱的情报是有点根据的。格兰迪一伙确实在酝酿一场阴谋。他们要求召开大法西斯委员会会议,以寻求摆脱困境的途径。自1939年以来,这个会议就没有开过。

墨索里尼对妻子的话将信将疑。他没有料到向他宣过誓的"亲密战友"会背叛他,况且此刻他已心力交瘁,实在是个金玉其外,败絮其中的人物了,因此他同意召开大法西斯委员会会议。为了应付同伴的质问,他从办公室里理出了一大堆文件,把公文包塞得鼓鼓的。

7月24日,墨索里尼一清早就起床了。为了对付今天的会议,他一夜没有睡好,他的妻子也是一夜没有睡好。"今晚召开会议确有必要吗?"拉凯莱一清早起来就问他。墨索里尼惊奇地朝妻子看了一眼,随后说:"为什么没有必要?只不过是同志间讨论讨论罢了,至少我是这样想的。我看不出为什么不应召开。"[2]大法西斯委员会通常是晚上10点钟举行的。24日那次会议是下午5点就开始,因为预计会议要开得很长。下午4点40分,墨索里尼提着他那只大公文包匆匆离开托隆尼亚别墅去开会了。

会议在威尼齐亚宫的鹦鹉厅举行。墨索里尼就座后,从公文包里掏出几页纸,便开始说:"应你们的要求,也为了让你们有机会亲自说说对国家情势的看法,我召集这大法西斯委员会会议。"随后,他像往常一样指责意大利军队不争气,说他们既不听从指挥,也没有仿效"殊死抵抗的德国军队"。他说:"全部问题在于,意大利缺乏继续作战的勇气。"

---

①拉凯莱·墨索里尼:《口述墨索里尼传》,第227页。
②拉凯莱·墨索里尼:《口述墨索里尼传》,第229页。

他的开场白"显得杂乱无章、软弱无力,也缺乏生气,有人还以为他是在读辞职书"。坐在他面前的这批昔日的忠实奴仆,虽然决定今天对主子发难,但事到临头不免有点畏缩。一时间竟没有人接着发言。后来还是老态龙钟的戴·波诺元帅打破了尴尬的沉默。他为意大利军队做了一番辩护,主张仍把战争打下去,直至最后胜利。

接着,齐亚诺、格兰迪、弗得尔佐尼等人一个个站起来发言,重申"他们忠于领袖,忠于法西斯主义,并表示只要战争能取得胜利,他们愿意继续打下去",但却有两个人明显地唱了反调。其中较激烈的是法西斯党前书记法里纳奇。他指责"墨索里尼歪曲并抛弃了法西斯主义的早期的光辉思想"。他这一开头,批评的势头就不可阻挡了。教育大臣博塔伊跟着说:"战争已打输了,因为墨索里尼把他自己从其他的法西斯领导人中孤立起来了。"格兰迪、齐亚诺也跟着指责一番。格兰迪说:"独裁的方法失败了……墨索里尼不但疏远公众舆论,而且把意大利带到了灾难的时代;今后应该恢复国王维克多·伊曼纽尔被法西斯主义剥夺掉的某些权力。"①他最后还带感情地说:"领袖,我们都是一条船上的人,听听您忠诚的战友们发自肺腑的呼声吧!让我们有机会与您分担全部责任,同存共亡!"

齐亚诺又起来发言了。这时与会者所有的目光都集中在墨索里尼的这位乘龙快婿身上。"德国没有与自己的盟友商量就发动了战争,虽然这一点在《钢铁同盟》中早有规定。"齐亚诺一字一顿地说着,"不幸的是我们在 1940 年 6 月入侵法国后,就一头栽进了希特勒的怀抱。这是死神的怀抱。"齐亚诺的矛头也直接

---

①丹尼斯·马克·史密斯:《墨索里尼传》,第 295、296 页。

指向"领袖",后来的指责就更激烈了。

墨索里尼闷声不响地坐着。争吵继续进行着,会议一直开到次日凌晨两点多,足足开了9个多小时。最后,墨索里尼似乎从梦中惊醒似地宣布:"会议已进行了很久,大家都很疲倦了。会上提出了3个决议案,先表决格兰迪的提案。"所谓格兰迪提案就是墨索里尼应把统帅三军的权力交还给国王,墨索里尼让位。表决结果:19票赞成,7票反对,1票弃权。格兰迪提案被通过,这是墨索里尼所万万没有料到的。他脸色铁青,霍地站起身来,边收拾公文包边说:"你们制造了危机。你们毁灭了法西斯主义。散会。"法西斯党的最后一任书记斯考扎习惯地、机械地喊了一声,向领袖敬礼!墨索里尼无力地举起了僵硬的右手机械地还了礼。这时会议大厅像坟场一样的寂静。

墨索里尼在斯考扎陪同下回到托隆尼亚别墅。会议期间,拉凯莱已向威尼斯宫打过电话,知道内情不妙。丈夫还未开口,妻子就抢先问:"我想,你已经把他们统统地抓起来了吧?"

"没有,我还没有,我准备明天早晨逮捕他们。"墨索里尼有气无力地回答。

"明天早晨太晚了,格兰迪一定会远远地躲起来的。"①他妻子说。

墨索里尼心烦意乱,没有再开口。他拖着疲倦的身子走进书房,倒在安乐椅上,双手托着脑袋,沉思着。他这样闭了2个小时眼睛,随后心神不定地拿起电话,说"给我接最高司令部,我要了解一下是否有警报和空袭"。

在丈夫开大法西斯委员会会议时,拉凯莱已打电话问过几

───────────

①拉凯莱·墨索里尼:《口述墨索里尼传》,第233页。

次、得知米兰、波罗格那等地有过警报和空袭。为了不影响丈夫的情绪，她已串通好，回话都说国内太平无事。接着，墨索里尼强作精神，接见了日本大使。随后他叫私人秘书与国王维克多·伊曼纽尔三世联系，要求马上会见国王。开头王宫没有回音，后来通知终于来了：当天下午5点，国王在萨伏依别墅接见首相。拉凯莱劝丈夫不要去，但他坚持要去。

事后，墨索里尼回忆国王接见他时的情景说："当我来到萨伏依别墅的广场时，我看到离门口不远处停着一辆救护车。我天真地猜想必定是王室有人病了。我心中祝福说，但愿不是病得很重。"

他继续说："国王极其焦虑不安地迎接我。国王讲起话来很激动，不能自制。一走进他的办公室，国王就说：'我亲爱的领袖，再这样下去不行了。意大利处境很难。军队被彻底打败了，士兵也不愿再为你打仗啦……现在你是意大利最令人憎恨的人。领袖，眼下你没剩下一个朋友。只有一个人还是你的朋友，此人就是我。因此，你不必为你的安全担忧。我已决定邀请巴多格里奥元帅接替政府首脑职务。他会组织自己的阁员治理国家并继续进行战争的。'"

"陛下，"墨索里尼对国王说，"您做出的是一项非常严重的决定。它将产生灾难性的后果。您将招致一场危机，您把人民引向错误的方向，因此可能导致一场悲剧。如果您把领导国家战争的人撤职，人们就会反对，因为和平已出现在眼前。如果您欺骗人民，就将产生可怕的副作用，军队士气将一落千丈。如果士兵们不愿意再为墨索里尼打仗，那当然没有什么话可说的了。但是，他们愿意为您去打仗吗?陛下，您引起的这场危机，只将意味着丘吉尔和斯大林的胜利。"①

全部谈话时间不到 20 分钟。随后国王就起身送墨索里尼出门。在穿过大厅时,双方都有点尴尬,国王平淡乏味地说:"今天天气真热。"无话找话说,显得很不自然。

"是的,"墨索里尼回答说,"今天要比平常来得闷热。"

送到门口后,当国王转身进屋去后,墨索里尼朝自己的汽车走去。这时,突然一名手持卡宾枪的中尉走到他面前。"陛下命令我来保卫你,因为得知你可能有危险。我是来保卫你的。"中尉这样说。

"我不需一个警卫,我有自己的警卫。"墨索里尼回答说。

"不,需要我本人来保卫你。"

"既然如此,那就请进我的车子来吧。"

"这会出问题的。我们已准备了一辆更安全的救护车。"

"你是在开玩笑吧!究竟是怎么回事?无论如何,你也是夸大其词,言过其实。"墨索里尼有点火了。

"我很抱歉,领袖。这不过是国王陛下的命令"。②

接着就不容墨索里尼辩解,硬是把他塞进了救护车,在数十名士兵的押送下,驶向他不知的去向。

原来在大法西斯委员会会议后,格兰迪抢在墨索里尼的前面,先拜访了王室事务大臣,通报了会议的详情,要求国王出面干预。30 年来,国王伊曼纽尔三世已受够了这位独裁者的气,决心利用这个难得的时机把他搬走,恢复昔日的国威。因此,就在墨索里尼抵达国王别墅前的半小时,切里卡将军已奉命率领1

---

①拉凯莱·墨索里尼:《口述墨索里尼》,第 251 页。

②拉凯莱·墨索里尼:《口述墨索里尼》,第 251、252 页。

名上校和50名士兵先期抵达萨伏依别墅埋伏。逮捕墨索里尼的命令是国王授意，由昂布罗西奥将军和阿柯罗纳公爵签署的。

墨索里尼就这样被赶下了台。没有一个人来救他，法西斯民团也没放一枪，连狗都没有吠一声。

墨索里尼的情妇克拉拉得悉后，有如晴天霹雳，她匆匆带着独裁者过去写给她的36封信和那只刻有"心心相印"的小金像从罗马逃到梅依那乡下。她曾多次说过，她对独裁者的感情是经得起时间考验的。她焦虑地等着有关墨索里尼的消息，但谁也不理她。她全家受到了监视。无奈她只好关在房内重读墨索里尼过去写给她的信，同时自己也没完没了地写呀写，把自己的感情通过笔端倾注在纸上。她的这些文字真可以收入世界情书选。她写道：

"我亲爱的本（本尼托），我没有墨水了，镇子离这里比较远，但我迫不及待地想对你诉说自己的心情。我突然出现一种想法……你一定会说这次悲剧是一切的一切，它扰乱了整个世界，影响了事物和人的本身的存在，特别是它扰乱了整个宇宙，而这幕悲剧并不就此结束，这是肯定无疑的。但我要对你说的是我的存在、我的感觉和我的爱。我以这太阳为生，我以这爱为生，它使我疯狂地期待着，它给我以生存的力量……

"爱情是经得起时间的考验的，它将战胜时间，征服时间，充实人的生活，使生活更有朝气，使人们感到没有虚度年华……

"本尼托，为什么我就不能待在你的身边？为什么他们不让我接近你？无论你去什么地方，我都想跟着你，我甚至可以睡在地上，我可以为你做最卑微的工作，哪怕是当女仆做苦力都行。只要让我能见到你，能与你相处在一起，能与你分担痛苦和忧伤，只要能把我这无限真挚的爱奉献给你。

"本，我的爱，你允许我来寻找你吧，让我跪在你的面前，看着你，听着你热情洋溢的美好声音。这是一种独特的声音，世界上没有像你那样的声音，世界上没有像你那样的眼睛和像你那样的手。本，你让我到你的身边去吧，我是你的小奴隶，我的生命属于你。你千万不要难过，不要那样痛苦，不要感到那样孤独，我用我的爱陪伴着你……

"本，我最最亲爱的人，求你给我一点信息，给我一丝音讯吧！你得拉着我，别让我就这样死去。没有你，对我来说，一切都完了，一切都死了，一切都毫无生气，没有光彩，一切都没有生存的价值……"

克拉拉关在屋里独自倾吐情丝，她非但没有盼来一丝有关墨索里尼的音讯，反而于8月12日她和她的母亲、妹妹一起被捕了。她带在身边的昔日独裁者写给她的那36封信被政变当局搜查走了，这犹如割了她一块肉，痛心不止。在狱中，她依然思念着她的情人，唯恐独裁者又遇上新的女人。有一天，看守告诉她说，她已被判处死刑。克拉拉听了这一消息，显得出奇的平静。当晚她在日记中写道："到时候我一定不让他们蒙住我的眼睛，我将大声疾呼地让所有的人都听见：'为我的领袖，为了我唯一的爱！'"

27 被 救

  墨索里尼被塞进救护车押走时，他的妻子拉凯莱焦虑不安地在家里等着。突然，电话铃响了。她听过电话后就像木头人似的站在那里一动不动了。事后她回忆说："当我从电话里得知他被捕的消息时，我给惊呆了几分钟。我曾多次对本托尼说过，他会被捕的。照理说，一旦事情临头，对我来说不应是个意外打击。但是，当时我站在书房里呆呆地看着……我脑子里闪过一个念头，本托尼不再会和我在一起了。我甚至一点都不知道，他们究竟把他弄到哪里去了。"①

  关押墨索里尼的地方，当时是极端保密的。当局既害怕德国纳粹分子和法西斯死党来营救，又担心盟军来抢人，因为国王和巴多格里奥想利用墨索里尼作为与盟国联系、和谈的资本。墨索里尼被捕后，起初临时先关在一所兵营里，当天晚上又被送到一所步兵学校关押。一名少校军医给他检查身体，他不让检查，并声称"拒绝进食"。其实这是嘴上讲讲而已。请看下面事实。

  7月27日，一名将军在两名持枪的士兵护卫下来到托隆尼亚别墅，把墨索里尼的一封亲笔信交给他的妻子拉凯莱。信不长，全文如下：

---

  ①拉凯莱·墨索里尼:《口述墨索里尼传》，第241页。

亲爱的拉凯莱：

带信的人会把我所发生的事全部告诉你的。你知道我的健康状况尚允许我能吃东西，但不要送太多的食物，同时请送几件衣服来，因我没带衣服，顺便再送几本书来。我不能告诉你现在我在哪里，但我可告诉你我很好。请保持镇静。代我吻孩子们。

本尼托

墨索里尼主要是向家里要食品,要衣服,如同一般的囚犯。他的妻子看完丈夫的信后，那位将军又递给她一封巴多格里奥签署的信,大意是要拉凯莱给她丈夫送些衣服和钱去。拉凯莱大发其火,吼叫着说:"20年来,墨索里尼拒领每一个头衔,甚至不领薪水。他把外宾送的礼物都统统缴公了。而巴多格里奥却通过我丈夫的体制把钱袋装得满满的,成了百万富翁,而今像墨索里尼这样的囚犯居然也不给一片面包皮,这是暴行。"[1]

发了一顿火后,拉凯莱还是为丈夫打了个小包裹,他们毕竟是三十多年的夫妻。小包裹里装的东西有:几条手帕、一双袜子、一条领带、几件衣服,吃的食品有一只烧鸡、一瓶油、西红柿烧鱼和一些水果,另外还塞进了一本题为《耶稣的永生》的书。这本书是墨索里尼被捕前放在床头看的,边页上还写着一些评语。

墨索里尼收到家里送去的东西后,就被押往蓬察岛。但在这里只关押几天,不久又转移到离撒丁岛北端不远的马达莱纳岛。该岛在战时成了一片凄凉的荒岛, 只有100多名士兵驻守在这

①拉凯莱·墨索里尼:《口述墨索里尼传》,第245页。

里。岛上有一座昔日英国人的别墅,墨索里尼就关在这里。

8月26日傍晚,突然一架德国飞机在马达莱纳小岛上空低飞盘旋。这时墨索里尼恰好在平台上乘凉。德国人发现了墨索里尼关押的地方。8月29日,他又被押回意大利本土,塞进一辆救护车,偷偷地押送到了海拔2000多米的亚平宁山脉的格兰·萨索山峰上的一座山上旅馆。墨索里尼被关在旅馆楼上的一间小房间里。"往前两步是墙,往后两步也是墙。"他自己称这是"世界上最高的监狱"。

希特勒获悉自己的盟友、难兄被抓起来的消息后十分震惊。他的本能反应是,德国的颠覆分子如果得知这一消息,他们很可能会在柏林"重演巴多格里奥及其追随者们在罗马干过的同样勾当"。因此他马上命令特务头子希姆莱,"这种危险如在德国一触即发,就采取最严格的警察措施"。7月27日,他召集特务、宣传、陆海空三军有关头目希姆莱、戈培尔、戈林、隆美尔和邓尼茨等人在元首大本营举行一次军事会议,紧急商讨应付意大利所出现的严重局面和营救墨索里尼的办法。他在自己的脑子里已想好了4个营救方案:一、"橡树计划"——如果墨索里尼在一个岛上,就派海军去营救;二、"学生计划"——突然占领罗马,使墨索里尼的政权在那里复辟;三、"黑色计划"——占领意大利全部领土;四、"轴心计划"——捕获或破坏意大利舰队。①

意大利战场的形势迫使希特勒迅速把营救墨索里尼的计划付诸实施。7月22日,美军占领西西里岛的首府巴勒莫。8月5日,英军占领卡塔尼亚。8月16日,巴顿的军队抢先占领墨西拿,完成了占领西西里岛的作战计划。

---

①威廉·夏伊勒:《第三帝国的兴亡》,第1367、1368页。

墨索里尼倒台后,丘吉尔想从这一事件中得到充分的好处,就伸出了橄榄枝。7月27日,他在下院发表讲话,指出:"当意大利事务正处于这种可变的、不定的、未成形的状态时,如果援救它的国家——英国和美国——竟然摧毁意大利国家的整个结构,不让其表达自己的意志,那将是一个错误。"第二天,即7月28日,罗斯福也发表谈话,但他的调子与丘吉尔颇不协调。他说:"我们对意大利的条件仍然同我们对德国和日本的条件一样,那就是——'无条件投降'。我们决不以任何方法、形式或态度同法西斯主义打交道。我们决不允许法西斯主义的残余遗留下来。最后,意大利将重建自己的国家。但干这件事的将是意大利人民。他们将根据自由和平等的原则来选择自己的政府。"①但在丘吉尔的坚持下,罗斯福同意先接受意大利投降,全面处置问题留待日后去解决。况且罗斯福也发现,在当时意大利政治舞台上没有人可以立即替代巴多格里奥和意大利国王。意大利陷入政治混乱对盟军也没有好处。

在罗斯福发表谈话的同一天,巴多格里奥宣布解散法西斯党。但他执政后的第一篇宣言是声称将继续进行战争。盟军总司令森豪威尔也知道,"这篇宣言不过是希望取得德国人的谅解,使意大利人不致遭受到那蛮横的盟友的惩处"。②希特勒也明白,虽然巴多格里奥"宣布要把战争继续下去,但那没有什么意义。他们不能不那么说,可是叛卖终归是叛卖"。8月初,巴多格里奥的代表在里斯本秘密与盟军代表接触,试探意大利投降事宜。9月3日,意大利签署向盟军投降的简要条款。同日,蒙哥马利率

---

①威廉·哈代·麦克尼尔:《美国、英国和俄国:它们的合作和冲突》,第288页。

②德怀德·艾森豪威尔:《远征欧陆》,第206页。

英军渡过墨西拿海峡,在意大利半岛登陆。9月8日,英国正式宣布意大利投降并退出战争。同日,马克·克拉克率领的英美联军在萨勒诺地区登陆,切断了德军从意大利南部北撤的退路。

希特勒得知上述消息后,气得发抖,大骂意大利人干的是"一件极其不要脸的事"。他意识到不马上采取措施,第三帝国可能提早覆灭。因此他命令德军"必须在罗马以北的亚平宁山一带建立一条新的防线"。当然,这时他更害怕的是担心自己可能遭到和墨索里尼一样的命运。为了恐吓国内的谋反者,9月10日,他发表广播演说,威胁反对者不要学意大利人的样。他说:"有人妄想在这里找到卖国贼,那是因为他们完全不懂得国家社会主义的国家性质;他们以为他们能在德国制造'七·二五'(推翻墨索里尼)事件,那是因为他们对我个人的地位,对我的政治合作者和我的元帅们、三军将领们的态度有着根本的错觉。"[①]嘴上虽这么说,内心却是很恐惧的。

为了稳住军心、民心,营救墨索里尼是刻不容缓的了。德国特务和军方一直在探听墨索里尼的下落。8月中旬,希姆莱已探知墨索里尼被关在马达莱纳岛。正准备动手之际,他突然又被转移了。按照意大利与盟军签订的停战协定规定,应把墨索里尼引渡给盟国处置。巴多格里奥出于某种考虑,迟迟没有把他交出去。墨索里尼被转移到格兰·萨索山顶旅馆后不久,德国人又立刻侦察到了他的下落。

9月12日,希特勒派党卫队头子奥托·斯科尔策尼去执行营救计划。斯科尔策尼是个天不怕、地不怕的亡命之徒。他先绑架了一名意大利将军作为人质,随同他的行动小组飞往关押墨

---

①威廉·夏伊勒:《第三帝国的兴亡》,第1370页。

索里尼的格兰·萨索。是日下午，12架滑翔机由几架飞机牵引起飞。牵引机一离开，滑翔机就开始寻找着陆地点。原先准备作着陆用的那块山坡太陡峭，无法着陆。斯科尔策尼硬着头皮冒险在关押墨索里尼的旅馆前面的一块空地上着陆。

斯科尔策尼跳下飞机后，把那个抓来的意大利将军推在前面，并大声叫喊别向这个意大利将军开枪。这时，墨索里尼正站在自己房间的窗口惊奇地望着。当他看清从飞机上跳下来的是德国兵和一名意大利军官时，就知道救命恩人从天而降，他就大声向看管他的士兵喊道："不要开枪！不要开枪！有一个意大利军官，不要紧的。"[①]与此同时，斯科尔策尼则向他喊话："领袖，请退后两步！"说时迟，那时快，一群德国兵一下子冲入大楼。斯科尔策尼飞步直奔楼上，用枪托砸开房门，见到墨索里尼就"咔嚓"立正，举手行礼，并报告说："领袖，是元首派我来的。您自由了。"墨索里尼张开双臂拥抱救命恩人，并连声说："我知道我的朋友阿道夫·希特勒不会抛弃我的。"这时，一架鹳式飞机刚刚降落在门前，斯科尔策尼叫他乘这架飞机逃走。先飞罗马，后转维也纳，再去慕尼黑。他的妻子拉凯莱已在那里等他了。

这时的意大利北部已完全被德军控制，意大利国王与巴多格里奥逃出罗马。9月18日下午，墨索里尼平安地飞抵慕尼黑。他的妻子已在机场等他，拉凯莱事后回忆说："该日下午两点，我自7月25日以来第一次见到我的丈夫。他被纳粹分子营救后刚抵达慕尼黑。当时我看见他从飞机里出来，头戴一顶宽边大礼帽，脸色苍白，人瘦多了，那件黑大衣把他整个身子都遮掉了。我觉得心脏都快停止跳动了。当他吻我时，他说'我还以为再也见

---

① 拉凯莱·墨索里尼：《口述墨索里尼传》，第257页。

不着你了'。随后我们默默地相互凝视了片刻。"①

那天因慕尼黑地区天气不好,未能当天赶往腊斯登堡会见他的救命恩人希特勒,因此就在当地一家旅馆住下。墨索里尼住的是套房,他和妻子的房间是隔开的。临上床前他决定睡到妻子的房间里去。他对妻子说:"我和你一起睡。我的房间太大,我一个人也待够了。"就在这个晚上,他详详细细地把他被捕后的遭遇统统告诉了他的妻子。

"那么,现在你打算干什么?"拉凯莱不安地问。

墨索里尼踌躇了片刻,接着怀着辛酸的口气回答说:"一切从零开始。"

"一切都完了,本尼托。在这六个星期里,你所建立起来的一切都被摧毁了。"

"我明白,我可能为此而死,但无论如何是值得的,我得尊重和德国人签订的协议。"墨索里尼对妻子说:"要想保住意大利,从9月8日的停战协定中得到补偿,这是唯一的出路。如果我不和他们缓和关系,德国人会进行可怕的报复。无论如何,我得和希特勒去谈谈,以后我们再看看。"②

第二天,墨索里尼怀着这种穷途末路的心情去见希特勒了。

---

①拉凯莱·墨索里尼:《口述墨索尼传》,第249页。
②拉凯莱·墨索里尼:《口述墨索里尼传》,第257页。

28　短命的"萨罗共和国"

1943 年 9 月 14 日，墨索里尼从慕尼黑前往腊斯登堡会见希特勒。对德国"元首"的救命之恩，墨索里尼十分感激，因此一见面就热烈地拥抱了救命恩人。但是，他现在是垮了的人，像一个输得精光的赌棍，神情恍惚，萎靡不振。他心里明白，眼下他自己光棍一身，已经无资本可向希特勒讨价还价。因此，他试探地想引退，去过隐居生活。希特勒对这位失意的盟友大感失望，因此在心目中开始把他"勾销"掉了。但是，德国眼下也是捉襟见肘，派不出足够的部队去维持意大利北部的交通线和治安，需要一个傀儡政权来协助德国占领军统治北部意大利，因此想把墨索里尼重新抬出来。这样做对稳定德国的军心也是有好处的。希特勒鼓励墨索里尼"继续斗争"，希望他"做的第一件事应该是用一切报复手段惩处背叛他的人"。希特勒也想借此来警告企图用同样手段背叛他自己的人。但是，据说当时墨索里尼对此没有什么表示。戈培尔评论说，这"就显出了他的真正无能"。

希特勒逼着墨索里尼出面挂个新招牌，搞个新政权以维持"轴心国"的"强大"形象，"否则就对他个人和意大利人民采取报复手段"。对德国"元首"可能采取的报复手段，墨索里尼是预计到的，也是深信不疑的，隔天夜里他和妻子就曾谈到过这一点，因此他只得俯首帖耳，表示接受。

　　9月15日,在希特勒的导演下,墨索里尼宣布成立新的"意大利社会共和国"。9月27日,他宣布内阁名单,格拉齐亚尼元帅担任国防部长,布法里尼担任内政部长。其实这个政府和内阁名单都是德国人为他任命的。早在9月9日,墨索里尼还被关在格兰·萨索山顶时,德国电台就已经宣布成立了一个意大利"国家法西斯政府"。其成员就是墨索里尼垮台后逃往德国的几个法西斯头目七拼八凑起来的。现在把墨索里尼捧出来担任这个"政府"的名义首脑。说墨索里尼是"名义首脑"是一点不夸张的。他本来希望把他的"社会共和国"的首都设在罗马,但希特勒不同意,只准他到加尔达湖畔的加尔那诺镇生活。即便在那里,他的住所亦由德国党卫队"警卫",他和自己的新政府机关也是隔离开来的。每个政府部门都有纳粹分子进驻、控制。政府机构设在萨罗及其邻近的几个小镇里,因此人们给这个"意大利社会共和国"起了个绰号,叫它为"小小的萨罗共和国"。在这个"共和国"里,没有德国全权大使鲁道夫·雷恩的点头,墨索里尼"一无作为,寸步难行"。

　　当然,有时墨索里尼也不甘心充当傀儡。当他了解到"国外把他仅仅看作是另一个吉斯林,把意大利视为是德国占领下的另一部分领土时,他表示了强烈的不满"。偶尔,他自欺欺人,吹嘘说:"只要希特勒给我更多的自由,就能重新唤起民族并把南部意大利从英美入侵者手里夺回来。"①这是十足的大话。在内心,他势必也明白这只是幻想罢了。

　　墨索里尼在建立"社会共和国"的同时,又着手改建法西斯党。原来的党彻底瓦解了,名声也很臭。这次,他把党的名称改叫

----

① 丹尼斯·马克·史密斯:《墨索里尼传》,第301页。

"法西斯共和党"。11月初,墨索里尼以新的法西斯共和党的名义发表"维罗纳宣言"。他声称,原来的"法西斯主义在某些方面有不足之处。权力腐蚀了法西斯党的领导人,使他们缺乏批评精神"。他还宣称,他要"恢复真正的选举制,召开立宪会议,选举国家领导人",他要"恢复司法独立",保证不容许任意逮捕人;今后给工会以更大的自由,并保证出版自由等等①。当时有人就评论说,"维罗纳宣言"是"橱窗里的装饰品"。其实是连装饰品的作用都丝毫没有起到。此刻他能有什么作为呢?

巴多格里奥宣布意大利向盟军投降并退出战争以后,德军全面占领了北部意大利。原来驻在北意及巴尔干各国和法国的60万意大利部队,大部分被德国"拘留"了。墨索里尼曾希望利用这些旧部队来建立一支"新军",但遭到德国人的拒绝。他新募到的一些人马,不是逃走,就是被德国人调去保护他们的补给线。而他本人都要由德国党卫队来"保护",有谁再相信他的话呢?此刻,哪怕是最死硬的法西斯分子,要再跟他跑的毕竟是为数不多的了。

政治上,墨索里尼已是一个潦倒的人,因此他只能醉生梦死地活一天算一天。他要求德国人允许他的情妇克拉拉·佩塔奇回到他的身边来。希特勒满足了他这一要求,派了一支党卫队去护送他的情妇。为了保证护送安全,他还特意从苏联前线把党卫队的老打手塞普·狄特里希调来负责此事。这使不止一个情妇的戈培尔也大为震惊。克拉拉被安置在加尔达湖畔的一所小别墅里,距墨索里尼与拉凯莱住的加尔那诺仅几里路。情妇一回到他的身边,他便沿着加尔达湖奔走于克拉拉和拉凯莱之间。墨索里尼

---

①丹尼斯·马克·史密斯:《墨索里尼传》,第322页。

对其他事情似乎也无所谓了。

当然，他经济上的日子也不好过。德国军备和战时生产部长施佩尔在意大利占区派驻了一个机构。对"萨罗共和国"进行全面的经济控制。德国人把大批粮食、牲畜、工业品，甚至机器和铁路车辆都运往德国。工厂里的设备被拆走，船舶被攫走，银行里的黄金储备被抢走。

墨索里尼意识到"他的生命旅程快到尽头了"，因此开始考虑后事。他觉得《意大利民报》也该关门了。这张报纸曾经是他的有力武器，也曾经是他的巨大动力，借助这张报纸的煽动、欺骗，他从一名主编爬上了权力的顶峰。此刻《意大利民报》没有生意了。他私下对妻子说，他准备把报社卖掉，除了家用外，把所得的钱分给孩子们。后来他果然把它卖了。

卖掉了报社后，他开始写回忆录和为报纸写点小文章。他妻子说，"在他的生命行将结束时，我的丈夫恢复了他的第一爱好：新闻工作。"墨索里尼仅写下了 1942 年 9 月至 1943 年 9 月一年时间的回忆录。

在德国人的严密控制下，墨索里尼实在也没有多少事可干。但是希特勒还是逼着他干了两件事。一是迫使他把的里雅斯特、伊斯特里亚和南提罗尔"割让"给德国。双方还取得"谅解"：日后威尼斯也得"割让"给德国。第二件事是，希特勒硬逼着墨索里尼逮捕自己的女婿齐亚诺，并把他处以死刑。一提起齐亚诺，希特勒就恨得要命，因为他一直对德国的政策评头品足，冷嘲热讽。

7 月 25 日，齐亚诺在大法西斯委员会投票赞成墨索里尼下台以后，形势的发展急转直下，法西斯政权顷刻瓦解，并没有如他所期望的那样出现一个温和的法西斯政权。巴多格里奥执政后，格兰迪匆匆逃往葡萄牙。齐亚诺请求移居西班牙，但迟迟拿不到护照。当他得知新政府准备逮捕他的消息后,便在德国人的协助下全家逃到了德国的慕尼黑。这无疑是到虎口里去避难。巴多格里奥得知后就脱口说:"齐亚诺疯了!他怎能到德国去呢?"

墨索里尼被营救后在德国逗留的几天里,曾会见过自己的女婿三次。开始他怒气冲冲,齐亚诺一再解释,请求岳父谅解。加上爱达从中说情,墨索里尼的态度慢慢缓和下来了。

在成立"意大利社会共和国"时,墨索里尼最初想把齐亚诺也列入内阁名单,但希特勒和一批狂热的意大利法西斯分子逼着他要严厉惩办背叛者。他只得屈从。1943年10月19日,齐亚诺从慕尼黑乘飞机回到意大利北部的维罗纳,迎接他的是"萨罗共和国"的新警察。他被投入维罗纳监狱,关押在27号监房内。

爱达在狱外活动,企图利用《齐亚诺日记》来换取丈夫的生命。德国人知道,齐亚诺是知情人,在他的日记里记有大量德、意外交的内幕材料,一旦披露出去,对德国是极不利的。齐亚诺在德国有些夙敌,外长里宾特洛甫是其中的一个。这些人从中作梗,日记交易最终没有做成。

齐亚诺自知末日来临。1943年12月23日,他在狱中记下了最后一篇日记。这篇日记写得很长,近3000字,对墨索里尼、希特勒大加鞭挞,最后一段还写得很有感情色彩,现摘录如下:

> 几天内,虚伪的特别法庭将公布一份判决。这是墨索里尼在其狐群狗党影响下早已做出的判决。这些年来,这些家伙像瘟疫一样危害意大利的政治生活,并把我国引向深渊的边缘。我坦然迎接即将临到我身上的厄运。当我想到,我可能被认为是一个为我真诚信仰的事业进行战斗而捐躯的战士时,我感到安慰。在几个月

的囚禁期间,我受到屈辱的、惨无人道的待遇……想到我再也不能凝视我的三个孩子的眼睛,不能拥抱我的母亲与妻子时,我难过之至。当我哀伤的时刻,我的爱妻以事实表明她是我坚强、自信和忠实的伴侣。但是,我必须服从上帝的旨意,安宁正向我的灵魂降临。我在等候最高的判决。[①]

1944年1月7日,维罗纳法庭开始审理齐亚诺等人。在审判前,爱达曾苦苦向父亲求情。墨索里尼冷冷地说:"在这件事上没有什么父亲,只有领袖和法西斯主义。"其实,这时墨索里尼对女儿也是爱莫能助。他曾向希姆莱的代表沃尔夫试探地问过,如果他赦免齐亚诺,希特勒会不会满意?沃尔夫断然回答说:"毫无疑问,他会把这看作你这方面软弱的一个标志。"1月10日,维罗纳特别法庭宣判齐亚诺、戴·波诺等5人死刑。第二天就被处决了。

墨索里尼虽处死了女婿齐亚诺等背叛者,但他本人的处境也无异于一名德国俘虏。他是希特勒的笼中鸟,成了法西斯事业中最后的一个点缀品。

两个独裁者的最后一次会晤是富有戏剧性的。1944年7月20日,墨索里尼奉命前往希特勒的大本营会晤。这天恰好发生了施道芬堡等人谋刺希特勒事件。当希特勒正在听取汇报,研究前线战况时,放在会议桌下的一枚炸弹爆炸了。事件发生后两小时,墨索里尼的专列恰好到达。死里逃生的希特勒一副狼狈相地出来迎接墨索里尼,并引他观看了爆炸现场。墨索里尼看了希特

---

①加莱阿佐·齐亚诺:《齐亚诺日记》,第637页。

勒烧焦了的衣裤和头发,给吓呆了。

"我站在桌子旁边,炸弹就在我脚前面爆炸,"希特勒开始给墨索里尼做现场讲解,"在房间角落边的同事都受了重伤,站在我面前的那位军官,一点不假,被炸出了窗外,摔倒在地,伤势很重。瞧我的衣服!瞧我烧伤的模样!当我想到这一切,我要说,这对我显然毫无作用。不用说,这是我的命大。命运要我继续干下去,要我继续去完成我的任务……既然我能从如此非常的情况下死里逃生,我就更加相信我为之奋斗的伟大事业必然会渡过目前的难关,一切都会有好结果的。"

墨索里尼似乎被感动了,他马上接口说:"我得说您是对的,元首……这就是上帝已向你伸出了保护之手。我们的处境不妙,几乎可以说没有希望了。不过,今天在这儿发生的事却给了我新的勇气。今天在这屋里产生的奇迹,我不相信我们的事业的结局会不妙。"①

两个独裁者确已穷途末路了,他们都异口同声地相信起命运之神来了。除此之外,此刻,他们还能相信什么呢?然而上帝并没有使他们时来运转。他们这次分手,是两个独裁者的诀别。从此他们先后走向地狱了。意大利反法西斯战争的形势迅速地把墨索里尼推向地狱之门。

1944年春夏,意大利游击队人数已发展到八万。4月24日,共产党加入政府。6月4日,盟军解放罗马,并进一步向北部步步推进。罗马光复后,巴多格里奥政府改组,博诺米出任总理。1944年秋,意大利北部已形成15个解放区,政权由民族解放委员会统辖。米兰成了民族解放委员会活动的中心。

①保·施密特:《我是希特勒的译员》,第271页。

经过了一个漫长的冬季停滞后,1945年春, 盟军与意大利游击队加快了军事行动。4月间,在盟军抵达前,北部意大利的一些主要城市都被游击队所控制。"萨罗共和国"几乎是不击自溃。4月10日,意大利共产党发布第十六号命令:号召群众举行武装大起义。蕴藏在人民心中的反法西斯怒火,像火山似地爆发了。法西斯的总崩溃,墨索里尼的末日很快来临了。

29 末 日

在末日来临的前夕，墨索里尼面临着生死的考验。求生的本能驱使他把自己创建的法西斯主义踩在脚下，只求对手放他一条生路。他打算去瑞士过隐居生活，因此他枉费心机地想和盟军或非共产党的抵抗组织达成一笔反共交易。他在米兰与对手代表会晤时，就曾建议把"萨罗共和国"移交给社会党。急转直下的形势使他的种种求生计划无法实施。然而，他没有坐等末日来临，仍想垂死挣扎一番。

1945 年 4 月 17 日傍晚，墨索里尼打算告别妻子，离开加尔那诺的家前往米兰。他的妻子拉凯莱看出丈夫神态失常，劝他留在家里，因为家里有一名德国党卫军的军官负责警卫，在这兵荒马乱的日子里毕竟有一种安全感。他不肯改变主意，安慰妻子说："二三天内我就要回来的。"并补充说他去米兰有几件重要的事要办，其中提到了卡提纳尔·舒斯泰尔这个人的名字。舒斯泰尔是米兰红衣大主教，墨索里尼通过他要在米兰会见意大利民族解放委员会的代表。拉凯莱送他到汽车旁，当他正要钻进车子里去时，突然又回过头来，凝视了一会儿妻子，随后又折回屋去。他抬头望望自己卧室的窗户，又环视整座花园和平静的加尔达湖湖面，随后坐到客厅里叫小儿子罗马诺弹奏了一会儿钢琴。接着，他霍地站起身来，大步走向汽车，"砰！"地关上车门，对司机说："我们走吧，我们迟了。"两辆警卫车尾随其后，一溜烟地跑了。这一去，他就不再能复归了。他的妻子说："这是我最后一次看到活着的丈夫。"也许他已意识到这一点，因此在离家时流露出依依惜别的感情。

墨索里尼此行米兰，为的是求生。他最后一次会见了红衣大主教舒斯泰尔，但一无结果。无奈，他只得做逃命的打算了。

4月23日，他从米兰给妻子打了一个电话，说是从米兰至加尔那诺的道路给切断了，他不能回家，叫妻子和孩子去蒙查等他，他已在那里安排好全家逃命的去路。

4月24日，拉凯莱拖着小儿子罗马诺和女儿安娜·玛丽亚来到蒙查，没有找到丈夫，但见到了墨索里尼的秘书卢奇·凯蒂。这家伙已两天没吃东西了，饿得发慌。拉凯莱给了他几块饼干和一碗汤。这时，墨索里尼又给妻子打来一个电话，说他不能和家人一起逃了，他马上要离开米兰去科摩。

4月25日，墨索里尼一行分乘30多辆汽车朝科摩方向奔去。打头的是一辆德国坦克和几辆"摩蒂"军团的装甲车。法西斯党的书记布法里尼曾吹嘘，他将在科摩集中几千名"忠诚的法西斯分子"来保卫"领袖"。墨索里尼一行于当晚抵达科摩市政府。一看心都凉了。原来在市政府院子里只聚集了几十个人。"萨罗共和国"的一些头目，包括傀儡政府的国防部长格拉齐亚尼都丢下"领袖"，自顾逃命去了。

大概就在科摩，墨索里尼给妻子写了一封信。这是他留下的最后一封信，也是对妻子的遗嘱。这封信是在26日深夜送到他妻子手里的。当时，拉凯莱带着孩子暂时在蒙查一所别墅里胆战心惊地避难。忽然听到了敲门声。"我有一封信要交给您"。门外站着一名士兵。拉凯莱连忙开门，接过信。她一看笔迹，果真是丈

夫写来的,就马上叫醒儿子和女儿,全家万分紧张地打开信,看到第一句话,她就感到"有一股寒意流遍全身"。信的全文如下:

亲爱的拉凯莱:

我们要永别了。这就是我为什么要写这封信给你的原因。我恳求你忘掉我无意间伤害过你的过错。但你知道,你是我真正爱过的唯一的一个女人。在这个严峻的时刻,我可以在上帝和布鲁诺的亡灵面前对此发誓。你知道,我还得在凡尔泰利那地区对游击队做最后一次抵抗。你一定要想法和孩子们一起到瑞士去,在瑞士你们可以过你们的新生活。我想瑞士当局不会拒绝你们入境的,因为过去我一直帮助他们,何况事实上你也不曾卷入政治旋涡。如果进不去,那么你就向盟军投降。他们会比意大利人更宽宏大量。代我照顾好安娜和罗马诺,特别是安娜,她更需要慈爱。你也知道,我是多么的爱她。罗马诺毕竟能助你一臂之力了。

吻你和孩子们。

你的本尼托①

拉凯莱读罢丈夫的信,一种恐惧和悲伤的情绪向她袭来。她想追上丈夫,于是怀着侥幸的心理拿起电话听筒。在法西斯政权最后总崩溃的兵荒马乱的时刻,电话居然奇迹般地给她接通了。听筒里传来了墨索里尼的声音:"拉凯莱,照我信上写的去做。你不要跟我进入凡尔泰利那,这样更好些。救救你自己并救救孩子

---

① 拉凯莱·墨索里尼:《口述墨索里尼传》,第 269 页。

吧。"此刻,拉凯莱已泪流满面,泣不成声了。罗马诺从母亲手里接过电话听筒。

"你至少得组织些人来保卫你自己,"罗马诺对父亲说,"现在谁和你在一起?"

"这儿没有一个人了,罗马诺。眼下我是孑然一身,一切都完了。"墨索里尼回答儿子说。

"那么,士兵、你的卫兵到哪儿去了?"

"我不知道,我没有看到一个人,连司机切萨洛蒂也把我抛弃了。"

听了墨索里尼这一句话,罗马诺突然意识到他再也见不着父亲了,就呜咽起来。这时,稍许平静下来的拉凯莱又接过电话听筒,她想再和丈夫交谈下去,因为以后再也听不到丈夫的声音了。

墨索里尼最后在电话里低声地对妻子说:"拉凯莱,你得开始新生活。我得顺从命运的安排。走吧,赶快离开。"

说罢,他就把电话挂断了。①

墨索里尼一行慌慌张张地离开科摩,继续往北逃奔。他们也想越过边境去瑞士。在途中,一个法西斯分子打开收音机,碰巧米兰电台被游击队占领后正在广播总部命令,要求所有游击队全体出动,设法追捕到正在逃亡中的独裁者。墨索里尼吓得面无人色,没命地继续往北逃去。跑了几里路,他看到一个过路人,就停下自己的车子问道:附近是否有游击队?过路人回答说,到处都有。墨索里尼更是吓坏了。他赶紧丢下自己的小汽车,爬进一辆装甲车里去了,加快了逃奔的速度。

---

①拉凯莱·墨索里尼:《口述墨索里尼传》,第269~270页。

不久,墨索里尼一行赶上了一支德军车队。这批德国兵是在往奥地利、德国撤退。27 日清晨,他们在东戈地区被游击队截住了。双方射击了一阵子后,一名德军上尉打着白旗要求与游击队谈判。德国人已意识到战争马上要结束,犯不着再去冒险送命,因此都不想打了,只求保命回家。他们要求游击队放行,德军也决不向游击队开火。谈判持续了 5 个小时。

其实,阻击德军车队的游击队人数极少。这支游击队番号为五十二旅。指挥官彼得罗负责谈判,想法拖延时间,缠住敌人;政委比尔则赶往东戈组织阻击。彼得罗为了防止混合车队里的意大利法西斯分子垂死挣扎,进行疯狂的抵抗,因此向德军宣布:可以放德军通过, 但车队里的意大利法西斯分子一定得缴械投降;此外,德军得接受搜查并核对证件。彼德罗估计,经过这样一拖延, 比尔就能搞到炸药并在几十公里以外的一座桥上布好地雷、炸药,在那里就可以再次截住德军。

德军上尉听了游击队的条件后,就回到自己的车队,与几名上级军官商量了好一阵子。德国人建议墨索里尼换上德军制服,打扮成一名德军士兵,转乘到德军卡车上去。墨索里尼听了德军的建议后说:“我准备这么办。我更相信德国人,而不是意大利人。你们不是有责任来保护我的吗?”说完后就换上德军制服,爬上一辆德军卡车。随后,德军上尉通知彼得罗说,德军同意游击队的条件。于是游击队就着手核对德军证件,处理意大利法西斯分子了。

这时,游击队政委比尔也回来了。正当他们在检查第二辆卡车上的德军士兵的证件时,一名游击队战士气喘吁吁,激动地喊着比尔的名字。他把政委拉到一边,贴在比尔的耳边轻声地说:“大肚子在那边。”“大肚子”是墨索里尼的外号。

原来这位游击队员奉命到后面一辆卡车上去核对证件时，发现一个胖子，紧靠驾驶室的挡板躺着。当游击队员前去索取证件时，车上的德国士兵十分紧张。他们劝阻说，躺着的是一个酒鬼。游击队员不予理睬，拉下躺着的胖子的领子，一看就认出是墨索里尼。这位游击队员很机智，装着没有认出的样子，若无其事地爬下卡车前来向政委报告。他边说边领着比尔朝墨索里尼躺着的那辆卡车走去。

比尔走近一看，果真有一个裹着德军大衣的胖子躺着，钢盔直拉到齐眼的部位，竖着的大衣领子把整个脸部都盖住了。比尔走上前去，拍拍他的肩膀，用法西斯分子习惯用语喊道："伙伴！"躺着的人一动不动，也不作回答。比尔又一次拍拍他的肩膀，用讥讽的口吻说道："大人阁下！"还是没有有反应。比尔火了，就大声喊道："英雄本尼托·墨索里尼！"

这一下肥胖的身躯抖动了，但他依然躺着。四周的德国人紧张得脸色铁青，个个都呆呆地望着。车上的德国士兵则纷纷跳下车来。显然，他们也不愿受牵连。

这时愈来愈多的游击队战士和当地群众围拢过来。比尔抓住卡车挡板，爬了上去。他一把拉掉躺着的人的钢盔，露出了秃头。接着又拉下他的墨镜和大衣领子。躺着的家伙原形毕露：这正是他——墨索里尼！

墨索里尼脸色煞白，像死人一般。他躺在那里瑟瑟发抖。在他的双膝间夹着一支自动步枪。比尔把他的步枪拿走，并把他拉了起来。

"你还有武器吗？"

墨索里尼一声不响地解开大衣，不知从裤子的什么地方又掏出一支手枪。他茫然若失地看着游击队员，显得恐惧、疲乏。自称信奉尼采的"超人"哲学的法西斯"领袖",此刻丧失了一切意志。他的灵魂已经死了。

"我们以意大利人民的名义宣布:你已被捕!"比尔宣布。

"我什么也不干了。"墨索里尼含糊不清地说着。

"我保证,在我负责你的时候,连你脑袋上的一根头发也损害不了。"

"谢谢!"墨索里尼这样应了一声。在意大利政治舞台上充当了 22 年独裁者的墨索里尼,就这样成了人民的阶下囚。

押走墨索里尼以后,比尔又去核查其他车辆上人员的证件。紧接着德军车队的一辆小汽车里坐着一个自称是西班牙公使的人物,和他坐在一起的有两个年轻漂亮的女人。比尔发现 3 人的护照可疑,不理"公使"的抗议,还是把他们 3 人一起拘留了。

墨索里尼离开科摩继续往北逃命时,他有意不通知克拉拉。而这位独裁者的情妇铁了心要随她的情人、偶像一起走向坟墓的。她得知墨索里尼走后,马上开车追了上去。她对其哥哥说:"他到哪里我都要跟着去,哪怕是天涯海角。"

墨索里尼得知两个女人也被捕后,就不断地托游击队指挥官彼得罗向其中一个女人问好。借着这个线索,彼得罗来到关押克拉拉的地方,向她转达了墨索里尼的问候。开头她拒不承认自己的身份,也拒不承认她和墨索里尼的关系。彼得罗紧逼她说:"你骗不过我。我知道您是谁,是墨索里尼自己对我说的。"在彼得罗的一再追问下,她被迫供认说:"是的,是真的,我就是克拉克·佩塔奇。"接着,她又十分激动地大谈起她对墨索里尼的爱。她说:"我对墨索里尼的爱是无比深情的,过去是这样,现在还是这样……我那纯朴的感情和真挚的爱情,无可抗拒地逐步改变了他那不开朗的性格。本来他只珍惜自己,只看重他自己的想法,后来我们终于能在精神上和心灵上取得一致。那时候,我是真正感到满足了……在他整个逃亡期间,我一直跟着他,我冒着极大的风险。若不是我曾经爱过他,我完全可以单独一人不受人注目地与家人安全地逃到国外去。您难道不觉得这是真挚爱情的最好凭证吗?这还不足以证明我对他的爱完全不是出于个人私利,也不是出于卑贱的个人打算吗?您难道不相信我所说的这一切吗?”

“我相信是如此。”彼得罗回答说。感情上宣泄了一阵子后,克拉拉似乎平静了一些。最后她提出一个要求,说:“您把我与他关在一起吧,这又有什么不好的呢?您千万别说您不能这样做,您别说不愿意。”

彼得罗没有料到她会提出这样一个要求,没有马上答应,说“这样做我得负一定的责任”。

“您别说了,您只需答应我这个要求,明白吗?我要与他一起死。他死了,我的生命就没有任何意义了,我也一样会死去,只是死得稍慢些,死得更痛苦一些。我要求您的唯一的一件事,就是与他死在一起。您一定不能拒绝我的这个要求。”克拉拉毫不含糊地说着。游击队指挥官“出于压倒一切政治和军事障碍的怜悯之情”,最后同意了她的要求。他知道,墨索里尼活不了多少个小时了。

当克拉拉被押解到墨索里尼跟前时,他惊讶得目瞪口呆,他万万没有料到他竟还能和自己的情妇一起共同经历这历史上富有戏剧性的惊险的一幕。

“你为什么要跟着我?”独裁着问。

“我愿这样。”情妇回答。

为了预防不测事件,4月27日夜晚,游击队决定当夜把墨索里尼、克拉拉和其他的法西斯俘虏分开来关押,并两次转移墨索里尼的关押地点。第一次转移时,表面上装作十分保密的样子,暗中却有意把"保密地址"泄露出去。墨索里尼先关在村子附近的海关警署的营房里。到了半夜,又把他叫醒,把他的光头用纱布包扎起来,打扮成游击队的伤员,然后押往阿扎诺镇附近的蓬察尼哥村,藏存一户可靠的农民家里。克拉拉和墨索里尼关在一起。

游击队总指挥部接到活捉墨索里尼的报告后,4月28日清晨,总指挥部代表瓦莱利奥上校和总参谋部代表古伊多·拉姆普莱蒂奉总部命令带领20名游击队员,从米兰出发,驱车直奔阿扎诺。他们是前往执行枪决墨索里尼的命令的,但是出发时只有瓦莱利奥上校一人知道执行的究竟是什么使命。

当天中午,瓦莱利奥一行抵达东戈。他先在被俘的法西斯分子名单中圈定了应该立刻枪决的17名罪恶昭著的法西斯头目,随后就和古伊多、比尔等人一起驱车前往蓬察尼哥村。在去的途中,瓦莱利奥就留意选好了执行死刑的地方:公路急转弯处的一所果园深处的一间屋前。

汽车把墨索里尼和他的情妇克拉拉·佩塔奇带到枪决地点后,瓦莱利奥命令墨索里尼下车,站到墙和门边的柱子中间去。墨索里尼昔日的威风早就一扫而光。他像绵羊一般温顺地服从了这一命令。他目光茫然,几乎弄不清楚眼前正在发生的事情。此刻,对墨索里尼来说,重要的是不要正视现实,继续欺骗自己,直到生命结束。

瓦莱利奥上校开始向墨索里尼宣读判决书:"根据自由志愿兵军团总指挥部的命令,我受命以意大利人民的名义来执行这个判决。"墨索里尼瞪着一双大眼,死盯着对准他的那支自动步枪的枪口,他大概还没有弄清上面这句话的含义。

这时,站在旁边的克拉拉·佩塔奇却歇斯底里地喊了起来:"墨索里尼不该死!"她一边喊一边跑到墨索里尼的身边。"假如你不想落得个同样下场,那就滚开些。"瓦莱利奥对她喊道。克拉拉很快从她的情夫身边跳开了。

至于墨索里尼,他对自己情妇的行动一无反应。临死前对其亲属的名字,他也一个没有提。他只是四肢不停地发抖,两片嘴唇不停地哆嗦,不断地喃喃低语:"不过,上校先生……不过,上校先生……"他始终没有吐出一句完整的话来。

瓦莱利奥举起自动步枪,瞄准墨索里尼,扳了枪扣,没有响声,子弹卡住了。他转动了一下枪闩,依然打不响。四周像死一般寂静,空气几乎都凝住了。瓦莱利奥把自动步枪扔给旁边的人,掏出自己的手枪,对准墨索里尼再打,但手枪也卡住了。墨索里尼依然站在那里发抖,嘴里含糊不清地在说些什么。这时,瓦莱利奥高声喊道:"比尔!"比尔立刻递给他一支自动步枪。上校第三次举起了枪,"哒、哒、哒……",这次他一下子射出了五发子弹。墨索里尼肥胖的身躯没有完全应声倒下,而是双膝跪地,身体依在墙上,脑袋垂了下来,但还没有死。瓦莱利奥又补射了一排子弹。这下独裁者一命呜呼,完全倒了下来。时间是:1945年4月28日16时10分。墨索里尼生前曾说过一句类似格言的话:"什么样的人会得到什么样的死。"这话在他身上完全应验了。

这时,克拉拉·佩塔奇吓坏了。她完全失去了理智,没命地乱奔、乱跳、乱喊。瓦莱利奥也给了她一排子弹。她应声倒下了。

瓦莱利奥处决了墨索里尼和他的情妇后,驱车返回东戈。他向关押在那里的法西斯分子宣读了判决书,随后就把判处死刑的17名恶犯拉到广场,依法一一枪决。当天深夜,墨索里尼及其伙伴的尸体被运到米兰洛雷托广场,头朝下倒挂在加油站的棚架上示众。当天,广场上挤满了人。人们愤怒地唾骂这个给意大利人民和各国人民带来深重灾难的法西斯罪魁祸首,尽情地发泄自己的愤恨情绪,后来尸体又给抛到了路旁的明沟里。①

4月29日,意共领导的北意大利民族解放委员会公布处死墨索里尼及其走卒的公告,其中说:"北意大利民族解放委员会宣布:根据委员会命令枪决墨索里尼及其走卒,宣告了一个历史阶段的结束。"

同日,墨索里尼及其情妇被枪决并陈尸米兰的消息传到了柏林总理府的地下避弹室里。希特勒得知后,为了不至于遭到盟友墨索里尼同样的下场,便加快了自杀的准备。第二天,即30日15点30分,希特勒对准自己的脑袋一枪,结束了自己罪恶的一生。他的新娘爱娃·勃劳恩服毒自尽,倒在他的身旁。

在3天之中,墨索里尼和希特勒这两个法西斯魔王相继命归黄泉,落得个可耻下场,这标志着法西斯统治的彻底崩溃,也标志着世界人民反法西斯战争的重大胜利。

历史对墨索里尼的这种可耻又可悲的下场所做的结论是:"上帝要毁灭一个人,先使他发狂。"墨索里尼一直恬不知耻地以独裁者自居,以独裁为荣,把人民贬入奴隶地位,并以奴役人民来取得虎狼般的乐趣,结果激起了人民的大团结和愤怒一致的

---

①上述材料参阅格·C.费拉托夫:《墨索里尼的最后日子》,载苏联《近现代史》杂志1965年第2、3期。墨索里尼的尸体于5月1日给埋到了一个公墓里。若干时期后,尸体腐烂,剩下一副骨骼,人们又把他挖出来,裹在一块布里放进一只木头匣子,供好奇的人观看。有一次墨索里尼的尸体忽然不见了,当尸体再送回来时,半个头颅给拿走了。原来美国人要研究墨索里尼的大脑袋,试图寻找他之所以成为一个大独裁者的生理原因。见拉凯莱·墨索里尼:《口述墨索里尼传》,第270页。

反抗；对外，他梦想复兴罗马帝国，接二连三地发动侵略战争，结果招致一个拥有压倒优势的大联盟的无情打击。墨索里尼还常以恺撒自诩，然而他的道德和智力都是根本不能和恺撒相比的。从思想到行动，他只是一个狂人，一个疯子，历史给他安排这样一个下场是必然的。

在本书即将结束的时候，我们还得交代一下处决墨索里尼的那位英雄。瓦莱利奥上校是一位反法西斯的战士，原名叫瓦尔特·阿马迪齐奥，1909年出生于亚历山大市，1931年加入意大利共产党。1947年意共发表特别公告说："处死墨索里尼具有政治上和军事上的双重意义。游击队运动为此感到骄傲。该任务执行得果断、勇敢，因为我们意识到，为拯救意大利民族的荣誉，为制止今后对民主制的威胁，处死墨索里尼是非常必要的。"[①]为表彰瓦莱利奥出色地完成这项使命，意共特授予他最高军事奖章。意大利政府也授予他一枚最高军功金质奖章。

---

①格·C.费拉托夫：《墨索里尼的最后日子》，苏联《近现代史》1965年第3期。

年 表

1883.7.29	墨索里尼出生于意大利弗利省普雷达皮奥区多维阿镇附近的凡兰那提考斯泰村。
1901	弗兰波波里师范学校毕业。
1902.2	去古亚尔蒂里的一所小学教书。
1902.6	移居瑞士。开始社会主义鼓动家生涯。
1904.3	在侨居瑞士的意大利社会党人的苏黎世会议上起领导作用。
1904.4	被日内瓦当局驱逐出境。
1905—1906	应召服义务兵役。
1906—1907	在托尔梅查教小学。
1908.3—6	在奥兰格里亚教高小。
1908.11	因从事社会党的鼓动活动而在弗利被捕,关押了一个短时期。
1909	以社会党的新闻记者和鼓动家的身份去奥匈帝国的特兰托8个月。9月间,被特兰托当局驱逐出境,回到弗利。
1910.1	被任命为意大利社会党弗利省党部的书记。创办并担任《阶级斗争周报》主编。开始和拉

凯莱·裘蒂同居。

1910.9.1	墨索里尼和拉凯莱的大女儿爱达出生。
1911—1912	因鼓动反对意大利战争被捕，关押五个月。
1912.7	担任意大利社会党执委会委员。
1912.12.1	担任设在米兰的意大利社会党机关报《前进报》的主编。
1913.10	以社会党候选人的身份参加国会竞选，结果失败。
1914.6—10	告诫社会党在大战中采取"相对中立"政策。
1914.10.19—20	社会党执委会拒绝接受"相对中立"政策。墨索里尼被解除《前进报》主编职务。
1914.11.15	在米兰创办《意大利民报》，自任主编，积极鼓吹意大利倒向协约国一方参加大战，反对德奥。
1914.11.29	意大利社会党开除墨索里尼的党籍。
1915.4	同和平主义者、社会党议员克洛迪奥·特雷伏斯决斗。
1915.9	墨索里尼应征入伍，被编入勃萨格立里团当一名列兵，不久开赴前线。
1915.11	墨索里尼和奥地利籍姘妇依达·迪尔莎的儿子本尼托·阿尔皮诺出生。
1915.12.16	墨索里尼和拉凯莱·裘蒂补行世俗婚礼。
1916.9	本尼托和拉凯莱的儿子维多利奥出生。
1917.2.23	在前线因炮弹爆炸受伤。伤愈后回《意大利民报》社工作。
1918.4.22	儿子布鲁诺出生。
1919.3.23	在米兰建立"法西斯战斗团"。

1919.9—1920	支持邓南遮占领阜姆。
1919.11	以法西斯运动候选人身份,代表米兰竞选国会议员,结果失败。
1921.5.15	当选为国会议员。同时当选的另外还有35名法西斯分子。
1921.8.2	社会党和法西斯战斗团签订"休战协定"。
1921.11.21	召开罗马会议:法西斯运动组织正式改建为法西斯党。
1922.10.24	在那不勒斯召开法西斯代表大会。声称法西斯分子即将向罗马进军,夺取政权。
1922.10.27	法克塔内阁辞职。开始动员向罗马进军。
1922.10.28	向罗马进军。
1922.10.30	国王维克多·伊曼纽尔三世接见墨索里尼。
1922.10.31	墨索里尼组阁。自任首相兼内政和外交大臣。
1922.11.25	国会同意墨索里尼大权独揽。
1923.1.12	建立大法西斯委员会会议。
1923.8	墨索里尼下令占领希腊的科孚岛。
1924.1	通过与南斯拉夫谈判,签订条约,归并阜姆。
1925.1.3	墨索里尼建立彻底的独裁统治。
1925.12.29	与拉凯莱·裘蒂补行宗教婚礼。
1926	意大利发生3起行刺墨索里尼事件。
1926.11.26	禁止一切反法西斯统治的活动。
1927.4.7	对阿尔巴尼亚建立保护国关系。
1927.9.26	墨索里尼和拉凯莱的儿子罗马诺出生。
1929.2.11	与罗马教廷签订《拉特兰协定》。
1929.9.3	女儿安娜·玛丽亚出生。

1930.4.24	女儿爱达和加莱阿佐·齐亚诺结婚。
1934.6	墨索里尼在威尼斯第一次会见希特勒。
1934.7.25	墨索里尼派军队开赴奥地利边境以示反对德国兼并奥地利。
1935—1936	发动入侵坎塞俄比亚的战争。意大利蔑视国联的制裁。
1936.5.2	征服埃塞俄比亚后建立帝国。
1936–1939	墨索里尼和希特勒武装干涉西班牙内战,向佛朗哥提供军援。
1937.9	在维也纳会见希特勒。
1938.3	放弃反对兼并的态度,容许希特勒吞并奥地利。
1938.5	希特勒前往意大利会见墨索里尼。两个独裁者一致同意采取侵略政策。
1938.9.30	希特勒、墨索里尼、张伯伦和达拉第签订出卖捷克斯洛伐克的《慕尼黑协定》。
1939.1.11	墨索里尼会见张伯伦、哈利法克斯。英、法承认意大利帝国。
1939.3.23	墨索里尼宣布建立法西斯党和法西斯工会、企业联合会的议院,取代国会。
1939.4	墨索里尼占领阿尔巴尼亚。
1939.5.22	墨索里尼和德国签订侵略性的《钢铁同盟》。
1939.9	德国入侵波兰。英法对德宣战。墨索里尼宣布"非交战政策"。
1940.2	墨索里尼接见罗斯福总统特使威尔斯。
1940.3.18	墨索里尼和希特勒在勃伦纳山口会见。
1940.6.10	意大利介入德国一边向英法宣战。墨索里尼

担任三军最高统帅。意军入侵法国。

1940.6.18	在慕尼黑会见希特勒。
1940	墨索里尼入侵希腊受挫。
1940.10.4	墨索里尼和齐亚诺在勃伦纳山口会见希特勒。
1940.10.28	墨索里尼在佛罗伦萨会见希特勒。
1941.1.19—20	希特勒在萨尔斯堡召见墨索里尼。
1942.6.22	前往北非前线,在那里度过了一个月。
1943.2.5	改组意大利政府以应付明显的内部纠纷。
1943.4.7	在萨尔斯堡会见希特勒。
1943.7.19	在意大利菲尔特雷会见希特勒。
1943.7.23—24	大法西斯委员会会议否定墨索里尼领袖地位。彼得罗·巴多格里奥被任命为政府首脑。
1943.7.25	墨索里尼被国王和巴多格里奥政府的支持者逮捕。
1945.9.2—13	墨索里尼在格兰萨索山顶旅馆被德国人营救。不久回到意大利北部。
1943.9.15	墨索里尼宣布建立意大利社会共和国(萨罗共和国)。
1941.1	在维罗纳宣布判处齐亚诺和其他背叛者死刑。
1944.7.20	在希特勒大本营最后一次会见德国"元首"。
1945.4.25	就萨罗共和国移交意大利社会党问题,墨索里尼在米兰与民族解放委员会代表谈判。
1945.4.26	墨索里尼和情妇克拉拉·佩塔奇被游击队活捉。
1945.4.28	墨索里尼和克拉拉被游击队处死。

后 记

墨索里尼是法西斯的鼻祖。他在 1919 年就组织了一个叫
"法西斯战斗团"的组织,1921 年正式改称"法西斯党"。墨索里
尼自称法西斯的"领袖"和"独裁者"。"领袖"实行终身独裁统治。
他说:"20 世纪是一个权威的世纪,一个向右转的世纪,一个法
西斯世纪。"1922 年墨索里尼就撷取了意大利国家的最高权力,
爬上了法西斯独裁统治的权力顶峰,比希特勒早 10 年。

1936 年,墨索里尼与希特勒携起手来,建立了一个妄图称
霸欧洲的"柏林—罗马轴心"。1937 年德、意拉日本入伙,德、日、
意三国缔结了一个"反共产主义协定"。希特勒手舞足蹈地说:
"三个国家联合起来了。起初是欧洲轴心,现在是世界大三角。"
这个被希特勒称之为"伟大的政治三角",不仅仅是彼此支持对
方政策的政治同盟,实质是共同行动的侵略性的军事同盟,德日
意三个法西斯势力统治的国家是欧亚的三个战争策源地,墨索
里尼、希特勒、东条英机等人是挑起第二次世界大战的罪魁祸
首、头号战犯。这场战争给世界人民带来的灾难是史无前例的。
其中苏联和中国牺牲的人数最多:苏联在这场战争中死亡的人
口约 2700 万人,中国约 3500 万人。在欧洲,波兰是个小国,牺牲
人口达 600 万。犹太人被纳粹分子大屠杀死亡的人亦达 600 万。

今年是反法西斯战争胜利 70 周年。历史不容忘记。热爱和

平的世界各国人民,要高度警惕法西斯主义、军国主义死灰复燃。

本书写作于 30 年前的 1985 年,初版于 1986 年。当年我正值壮年,而今我已年届 80。所以,这次修订再版,未能做大的改动,仅补充了些有关墨索里尼家庭私生活方面的材料,以使本书更具可读性。我期待着读者的批评和指正。本书能在反法西斯战争胜利 70 周年之际再版,主要是承蒙宁夏人民出版社各级领导和有关编辑的热情关切和支持,在此我真诚地向他们鞠躬致谢。

金永华

2015 年 4 月 21 日于上海